ちょっとマニアックな

# 図書館コレクション談義 ふたたび

内野安彦
大林正智 編著

樹村房

# はじめに

本書は２０１５年11月に大学教育出版から発行された『ちょっとマニアックな図書館コレクション談義』の続編です。出版社は樹村房に変わりましたが、正真正銘、パクリではありません。

前作はおかげさまで１か月余で２刷となり、図書館員による類書のない不思議なテイストのコレクション論に多少は関心をもたれたようです。

前作で意識したのは、指定管理者や直営館で働く非正規職員といった、いろいろな立場で働く方々に共著者となってもらうことでしたが、今作は公共図書館以外の館種の勤務経験者や、組織に属さずフリーで活動する図書館員などにも健筆をふるってもらおうと企画しました。ところが、なかなか思うようにならず、学校図書館のコレクション論には言及できませんでした。とでも、前作同様、図書館員の選書にかける熱い思いが言霊になった、と編者の一人として自負しています。

さて、悩んだのは書名です。奇を衒《てら》わず「続」を冠すればいいか、と安易に考えていましたが、初校を手にしたときに考えが変わりました。この本はこれでは終わらないな、と。大仰な表現ですが、斯界には素晴らしい棚づくりをしている方が大勢いるのだから、その情熱やスキルをもっと伝えてもらわないと、と思った次第です。そこで、「続」の次は「続々」では面白味に欠けるので、大好きな團伊玖磨の「パイプのけむり」シリーズを真似て、また長寿本とならんとする願いも込めて、本作には「ふたたび」を冠することにしました（「パイプのけむり」シリーズの2作目は「続」でしたが……）。もっとも、あくまで本作が売れてなんぼの話ではあるのですが（笑）。

図書館を離れて5年半余となります。図書館員（現職者）から図書館人（図書館をこよなく愛する人）となり、何が一番寂しいかといえば「選書ができない」ということです。14年の現職期間、最も司書としてのやりがいを感じていたのは選書であり、棚づくりです。そして図書館巡りの一番の楽しみは、棚から伝わってくる図書館員の本と利用者に対する愛情です。棚が輝き、そこに並ぶ資料が来館者に語りかけるのも、その棚をつくった図書館員の、時には先達たちの、教養や感性であることは言うまでもありません。

図書館巡りのたび、地域資料の棚を前にしたときに感じる郷土の軌跡や偉人への畏怖、こうした資料を地道に収集・保存してきた図書館員への敬慕。あらためて、図書館のコレクションの奥深さを感ぜずにはいられないのです。

ちなみに、前作は「図書館で酔ってみたい」「自動車文化を考える棚」「文藝別冊「KAWADE夢ムック」の幸せ」の3点（他の執筆者に比べ控えめな分量）の拙いコレクション論を書きつつ、編者として初めて本を編む貴重な経験をしました。

今作は、斯界の有為な人材に一人でも多く健筆をふるってもらうため、私のコレクション論は控え編集に徹することにしましたが、本書全体のイメージとして図書館のコレクションをめぐる昨今の状況等や図書館の選書のあり方に若干触れさせてもらいました。

公共図書館の選書についてかまびすしく論議されるたび、本作に熱い思いを綴ってくれたような図書館員がたくさんいることを知っておいていただきたいのです。

2017年10月

内野　安彦

# ちょっとマニアックな図書館コレクション談義 ふたたび　もくじ

# I

# あらためて図書館のコレクションを考える

## 書店からも図書館からも本が読者に届かぬ窮状

前著『ちょっとマニアックな図書館コレクション談義』(以下、『マニコレ』とする)の「はじめに」冒頭に、上梓の理由を二つ挙げました。一つは「これ以上、まちから本屋さんがなくならないことを祈って」、もう一つは「図書館をまだ一度も使ったことのない人に、図書館サービスを少しでも知ってほしいから」と。この思いを共有する5人の執筆者を得て、2015年11月に『マニコレ』は生まれました。

この2015年から遡ること十数年、2000年から2002年にかけて、『文藝春秋』『新潮45』『論座』といった総合誌にて、林望、楡周平、三田誠広等の著名な作家が公共図書館の在り方に言及したことで、図書館サービスやコレクションに衆目が集まりました。そして、2003年、日本図書館協会と日本書籍出版協会の合同による公立図書館貸出実態調査の実施へと繋がり、ベストセラー本の複本購入や専門書の購入実態等が明らかになりました。出版界が図書館界に抱いていたベストセラー本の過度な複本購入という実態はそれほどではなかったにせよ、溝が埋まったという結果にはなりませんでした。

その後、このベストセラー本の複本問題[1]については、紙・誌面を賑わすことが漸減しつつありましたが、再燃したのが『マニコレ』を上梓した2015年でした。

そして、あれから2年近くが経ちました。私は「出版界と図書館界は一心同体」である、と『マニコレ』で書きました。この本を出したことによるものかどうかはわかりませんが、講演のテーマに「選書」を挙げてくる依頼主が増えました。もっとも、これまで話す機会の多かった「図書館の人事管理」や「図書館サービスの基本」といったテーマであっても、私は必ず日本の出版流通の課題や、それに係る選書問題には触れるように努めてきました。「図書館司書の資格講座には「図書・図書館史」という科目はあるが、そもそも出版業と出版流通の仕組みや現状を教えようという発想がない」[2]と言われるように、私は大学の司書科目や司書教諭科目の授業（「図書館制度・経営論」「図書館サービス概論」「学校経営と学校図書館」等）においても、必ず1コマ（90分）は、日本の出版流通の課題と、出版界と図書館界のサービスを巡る論議の概要を話すことにしています。

蛇足ですが、この授業の学生の反応はすこぶる良いのです。司書や司書教諭科目を学ぶ学生の多くは、どうやって出版社から書店に本が流れてくるのかを知らないのです。「日本には教科書を中心におびただしい図書館情報学の出版があるが、図書館と出版業をクロスさせた書籍は一冊もない」[2]という現状は、この問題への図書館情報学の教員や図書館員の関心の希薄さを物語るものと言えなくもありません。図書館の書架を見ればそれはわかります。出版関係の書籍が十分に所蔵されている図書館はそう多くはありません。網羅的な収集をすべきと主張するつもりはありませんが、過去の販売実績に基づく取次から書店への配本システムにおいては、書店主が知らないうちに出版や書店といったジャンルの本が中小の書店に並ぶことは稀であると言えます。こういった状況は国内の図書館を豊富な写真で紹介した一般向けのものを除いてはさらに顕著となります。いわゆる「売れないジャンル」になるのであろうと思います。

卑近な話ですが、2016年夏、京都の某老舗書店に寄ったときのことです。専門書が並ぶ書架を探し、確か「教育学」と「図書館・博物館学」とサインがあったと記憶しています。「教育学」の棚には数百冊の本が並んでいましたが、一方「図書館・博物館学」の棚にあったのはたった一冊。それは奇遇にも『マニコレ』でした。専門書を広く扱う書店においても、図書館情報学の棚に現在流通している本の半数以上が並んでいる書店は国内でもわずかしかありません。先の京都の書店に「図書館・博物館学」というサインがあったこと自体が珍しいことで、こういう現状を図書館員は自分が所属する自治体の図書館のコレクションと不断に比較して考えているのだろうかと、仕事で訪ねたまちの書店の棚と、そのまちの図書館の書架を見比べることがたまにあります。書店からも図書館からも本が読者に届いていないなぁ、と感じるのです。

## 出版業界からの「貸出猶予」が問いかけるもの

２０１５年の10月に行われた第17回図書館総合展のフォーラム「公共図書館の役割を考える本に携わる私たちからの期待」や、11月の第１０１回図書館大会の第13分科会「出版と図書館」において、新潮社社長の佐藤隆信が発した、書籍の刊行から一定期間図書館での館外貸出を行わない「貸出猶予」の発言が話題となりました。一般紙でも取り上げられました。多くの本が初版止まりで「初期費用」の壁を超えられない文芸書出版社の窮状が訴えられたのです。

この二つの催しは日本書籍出版協会によって行われたもので、２０１６年2月に、同協会の図書館委員会著・編『２０１５年「図書館と出版」を考える　新たな協働に向けて』として販売。全国の公共図書館には頒布されたと聞きます。しかし、この冊子について図書館員を対象にした研修会で、現物の冊子を手にし、またはパワーポイントで書影を見せて、「この冊子をご存知ですか」と尋ねると、見たことがないという反応が返ってくることが少なくないのです。

そもそも所蔵登録していない図書館も多くみられます。

この貸出猶予の問題は、図書館のコレクション構成の在り方、さらに資料購入費の問題に収斂されると考えられます。潤沢な資料購入費が望ましいと訴えるのは簡単ですが、近年の公共図書館の資料購入費の減少は顕著。しかしその一方、自治体の基本計画を見ると、数値目標に貸出冊数を増やすことを挙げている自治体がいまだに多いのです。こうした窮状を打開すべく、日本書籍出版協会は２０１６年３月に文部科学大臣に、「図書館資料購入費、図書館整備充実に関わる経費について」と題した要望書を出しました。文面には「現在、学校・公共・大学の各図書館では、資料購入費が十分に手当てされていないために、図書館の根幹である資料の充実に支障をきたし、それが資料選定の在り方や利用者へのサービスに影を落としていることを、私たち出版社もたいへん危惧しています」とあります。また、具体的に２０００年度と２０１４年度の予算ベースで比較し、公共図書館の資料購入費総額が２８５億と18％減少していること、１館当たりの平均額が１３１１万円から８７８万円と33％も減少していることを指摘しました[3]。

確かに資料購入費の減少が購入資料の選定に影響を及ぼすことは否定できません。予算が減れば高価な資料の購入は控えざるを得ません。内規にて、高価な本として扱う価格下限を定めたり、決裁権者を変えたりしている自治体は少なくないようです。また、利用が少ないと思われる資料は買わないといった選書の仕方に傾きがちになることも懸念されます。

しかし、どうして図書館は貸出冊数を伸ばすことを目標にしてしまうのでしょうか。貸出サービスの位置づけや図書の選択については、これまで活発な議論が行われてきています。[4]すべての図書館が画一的な資料収集方針にすることが良いとは思いません。しかし、「図書館の存在やサービスは、言うまでもなく著作者や出版社の活動、さらには書店や取次など販売・流通の仕組みに依存している。図書館が、安定的な出版文化産業を支えるために汗をかくことは、自らの活動を維持するためにも不可欠なのである。しかし、こうした自明の観点が、公費で賄われている図書館の職員の意識にのぼることは少ない」[5]との指摘があります。

貸出を伸ばすことで、図書館サービスが市民生活に浸透し、その結果、自治体の中で図書館が評価され人的にも財政的にも認められることになるとの考えは、理想的な展開として否定するものではありません。しかし、本当に貸出冊数が伸びれば資料購入費の予算は増えてきたのでしょうか。実際はそうはなっていない自治体が多いのではないでしょうか。逼迫する地方自治体の財政状況下、図書館だけ予算が容易に増えるはずはありません。図書館の予算は、旅費や負担金や謝礼などはそもそも少額であり、削りようがありません。高額なものの一つとして図書館システム管理委託料がありますが、債務負担行為の期間の途中で減額は困難。となると肝心要の図書購入費が標的にされやすい（自ら減額しやすい）というのが多くの自治体の現状ではないでしょうか。

## 顕在化されていない利用者の要望を満たすことも図書館の使命

そもそも、一人でも多くの市民に図書館サービスの享受者になってほしいというのが図書館員の望みであって、かつ多種多様なコレクションで書架を埋めたいという夢を図書館員は誰だって抱いているはず。貸出冊数は利用者によって生み出される数値で、1人の利用者が1年に100冊借りても、30人の利用者が合わせて100冊借りても「同じ100冊」の貸出冊数です。図書館サービスを敷衍《ふえん》するのにどちらが望ましいかといえば、後者であろうと私は考えます。

南学は某自治体の貸出実績を分析し、「カード保持者は市民の20％だが、年に1回でも貸出サービスを利用した者はその半数であり、その中の1割の利用者が9割の貸出図書数を占めていた」としました。[6] この結果を人口10万人の自治体に置き換えて考えてみますと、カード保持者は20％の「2万人」。年に1回以上図書館サービスを利用した者はその半数の「1万人」。さらにその中の1割である「千人」が貸出図書の9割を占めることとなります。市民のわずか1％です。驚くべき数値ですが、私の卑近な実務経験から言っても、あながち実態と乖離した数値とは思えません。

鹿嶋市内で150人余の聴衆を前に講演した際に、図書館の利用カードを持っている人に挙手を求めたところ、わずか数人しかいなかったという経験もあります。聴衆の大半が60歳以上の男性という特殊な事情があったにせよ、まだまだ図書館サービスの享受者は市民の一部に過ぎないのです。

あくまでも主観ですが、ヘビーユーザーほど1回当たりの貸出冊数は多く、めったに来られない利用者が大量の資料を借りていかれる光景は稀であったと記憶しています。一部のヘビーユーザーのための施設と偏見をもって見られるより、貸出冊数よりも実利用者数や新規登録者を目標値に挙げた方が、首長や予算査定者に響くのではないでしょうか。『マニコレ』にも書きましたが、多種多様なコレクション構成による潜在的利用者の掘り起こしを図る方が利用も伸び、予算獲得にも繋がるということを、私は実際に現場でやってきました。「その蔵書構成が図書館への評価対象項目とされているのだろうか。「貸出数」や「来館者数」といった数値化しやすい指標だけでなく、顕在化されていない利用者の要望を満たすことも図書館の使命であり、そうした選書をおこなうことが図書館人の専門性ではないかと、多くの出版に携わる人は感じている」[7]との持谷寿夫（みすず書房社長）の言葉は傾聴に値するものと考えます。首長や議会議員が市内の行く先々で「最近、図書館によく行くよ」と何人もの市民に声をかけられることこそが、首長の図書館への理解を促し、予算獲得に繋がるのではないかと私は思います。

また、図書館の貸出冊数の増加が、書店における書籍の販売機会の損失と短絡的に語られることがあります。これについても先述したように、貸出冊数の多くがヘビーユーザーによるものだとしたら、実際問題として年間に100冊（定価1500円／1冊）の本を借りた人が、その本をすべて購入するでしょうか。単純に計算して15万円です（消費税は考慮せず）。どう考えても飛躍しすぎではないでしょうか。「国民ひとりあたりの書籍の購買数というのはほとんど変わっていなくて、唯一変わったのは、新刊発行点数が1975年の4倍弱（1万9979点→7万6465点）になっていることで、その4倍に水ぶくれしたのが不況感の原因」[8]との永江朗の指摘もあります。出版不況の原因にはいろいろな要素があることは述べるまでもありませんが、単に図書館の貸出が問題であるとの指摘は正鵠を得ていないと思います。

## 選書・排架・展示の工夫次第で図書館の利用は伸びる

文化庁の2013年度「国語に関する世論調査」（全国16歳以上の男女が対象）では、47・5％が1カ月に1冊も本を読まないと回答しています。逆に考えると52・5％が月に1冊は本を読む、と回答しているわけで、単純に2人に1人は「読者」と置き換えられます。読者の中には「本は買って読む主義」という方もいるでしょうが、図書館サービスを知らない市民がまだまだ多くいることは確かです。もっとも、年間を通して1冊も本を読まないと回答しているものではないので、「読者」は52・5％以上は間違いなくいるのです。

実際に図書館で本を借りた人の割合（2014年度における市内の総人口に占める、1回でも本を借りた割合）は、長野県・塩尻市の例で言えば17％です。ちなみに、塩尻市の市民一人当たりの貸出冊数[9]は9・7冊（2015年度）で、長野県内の19市ではこの数年来トップであり、全国的に見ても、この数値が10冊を超える自治体はそう多くはありません（塩尻市は2012年度は10・1冊）。全国的にも市民の図書館利用が活発な塩尻市においてもこの程度なのです。この数値は常世田良の調査によるもので、ちなみに同時に調査対象となった堺市は11％でした。

また、同調査では、貸出総数のうち、新刊（発行から半年以内のもの）を貸し出した割合が、塩尻市は10％、堺市が5％であることも判明しました。要は読書を日常生活にしている潜在的利用者は、現に図書館を利用している人よりもはるかに多いのです。

書店における委託販売制度における普通委託（新刊・重版）の返品期限は105日。書店の棚を売れずに長く温めていた委託本の多くは、この期間内に書架から消えていきます。こうして早々と書店店頭から消えていく書籍を蔵書としてもっているのが図書館です。選書・排架・展示の工夫次第でいくらでも既存の利用者だけではなく、すでに「読者」である「潜在的利用者」を引き付ける策はまだまだいくらでもあると考えます。

また、除籍に関して、その対象の本が県内に所蔵されていなければ除籍を見送るというやり方をよく聞きます。除籍という「川下」でこうしたコントロールが図られることは好ましいことですが、そもそも「川上」である選書の時点で、県内の所蔵状況が勘案されないのはなぜでしょうか。先述した地方の中小書店の棚に並ばないような「図書館にだけはあってほしい本」が県内にほとんど所蔵されていないといったことは珍しくありません。些末《さまつ》な私事ですが、本を執筆するたび、既刊資料の多くを図書館に頼らざるを得ず、そのときにしみじみ資料の偏在を感じるのです。貴重でも高価でもない書籍、図書館に所蔵されていて当然のような書籍をどうして他県の図書館から相互貸借しなければならないのか。蔵書検索、物流といった図書館のネットワークは評価できますが、蔵書の偏りは資料購入費の減少が続く昨今、ますます顕在化しているように思えてならないのです。

日本書籍出版協会が文部科学大臣に要望したところで、容易に図書館の資料購入費が増えるとは思えません。ただ、図書館と一心同体である出版界がこうして国に働きかけていることを、図書館長は予算要求時や必要に応じて財政所管課や首長に当該文書を見せ、出版界の窮状を訴えているのだろうかが気になります。ダメモトでもこうした「事実」は伝えるべきであると思います。先述した冊子の取り扱いのように、図書館だけの問題に矮小化してしまうことだけは避けてほしいのです。

２０１６年11月22日、日本書籍出版協会文芸書小委員会は、「資料費不足等を理由にした、リクエスト上位の図書の購入や寄贈を呼びかける図書館の存在」を問題視し、文芸書・文庫本の購入や寄贈に特段の配慮をしてほしい、と全国の公共図書館長あてに文書を発送しました。新刊本の貸出猶予の文言はありませんでしたが、図書館コレクションの在り方に一定の配慮を求めるものでした。しかし、どうして自治体の予算編成時期に合わせた時期にこの要望書を出さなかったのだろうか。仮にこの要望書が６月頃までに送られて来ていれば、次年度の予算編成作業に入る前に庁内での理解を求めることができたのに、と残念に思います。

2015年から2016年にかけて、こうした図書館コレクション等をめぐり出版界から図書館界に問題提起がされました。図書館を責めるというより、出版文化を共に守っていこうという提案と私は受け止めています。それは言うまでもなく読者を守ることにほかなりません。まちの書店の閉店は依然として止まりません。1999年から2016年の17年間で書店数は2万2296軒から1万2526軒に減少。平均すると年間550軒余も減っているのです。出版社も取次も減っています。「これ以上、まちから本屋さんがなくならないことを祈って」と私が書いたところでどうにもならないことは承知していますが、なにかできることはないかと常に考えています。それが図書館人の務めだと思っています。

2017年、鹿嶋市で講演する機会を得ました。参加者の9割は市民。7割は旧知の方でした。そこで図書館サービスを充実させるために図書館員ができること、市民ができること等を説きました。質疑の時間に、参加されていた市議会議員の一人が「今日の内容は目から鱗だった。一議員として反省した。どうか議員をもっと市民は使ってほしいし、私ももっと図書館のために働きたい」といった趣旨の発言をされました。この方は図書館を知らない議員ではありません。むしろボランティア活動等で図書館に通暁《つうぎょう》している人です。埼玉県や千葉県から来られた図書館員や図書館ＯＢがこの言葉に感銘を受けた、と私に言ってきました。

## まちにおける書店と図書館の役割のちがい

図書館員を前にした講演で必ず言うことがあります。「図書館員は行政マンとしての意識が希薄であることはいまさら言うに及ばず、地域に出ようとする意識がさらに希薄である」と。「図書館サービスが理解されない」と仲間内で集まっていくら不平・不満を言いあっても何も変わりません。図書館員が全国の仲間との交流を通じて学んだことを地域に還元しなければ、図書館はいつになっても庁内はおろか、市民に広く知られる存在にはなりません。予算の増額を、と図書館員がいくら要求しても容易に叶うものではありません。地域の中で自分が図書館員であることを知ってもらい、図書館を利用する市民が増えていくことで、市民の声として予算要求の理由づけができるのです。利用者が増えれば自ずと図書館の棚（コレクション）は鍛えられます。そして、市民が書店と図書館の棚に並ぶ書籍の違いに気づき、図書館のコレクションは充実してゆくものと考えます。

本書は、図書館を一人でも多くの市民に知ってもらい使ってほしいという図書館員の熱い思いをコレクションや展示の方法を通して、図書館員以外の一般の読者にも伝わるよう編んだものです。前作同様、楽しく読んでいただけたら幸いです。そして、マニアックではない普通の図書館のコレクション談義がもっと活発に行われるようになることも願っています。

注

1 この問題については、薬袋秀樹のブログ「図書館の基礎知識」の文献レビューが参考になる。http://toshokanron.jugem.jp/?eid=10（参照 2017年2月10日）

2 堀渡「シンポジウム「公共図書館はほんとうに本の敵？」を聞いて考えた 公共図書館と出版界の関係をねじらせるな」『出版ニュース』2015年3月上旬号 8頁

3 「図書館資料購入費、図書館整備充実に関わる経費について（要望）」http://www.jbpa.or.jp/pdf/documents/toshokanzougaku201603.pdf（参照 2017年2月10日）

4 安井一徳「「無料貸本屋」論」田村俊作・小川俊彦編『公共図書館の論点整理』（勁草書房 2008年）に詳しくレビューされている。

5 坪井一「図書館は「地域をつくる学びと交流の場」社会教育機関としての終焉、そして再生へ」『社会教育』2016年11月 41頁

6 南学「公共施設等総合管理計画と図書館機能の再編成」『ガバナンス』2016年8月号 30頁

7 一般社団法人日本書籍出版協会図書館委員会著・編『2015年「図書館と出版」を考える 新た

な協働に向けて　報告集』日本書籍出版協会図書館委員会　２０１６年　3頁

**8**　堀部篤史・内沼晋太郎・永江朗「「裏通り」の書店の挑戦　誠光社とＢ＆Ｂ」『ユリイカ』２０１６年3月臨時増刊号　１１５頁

**9**　市民一人当たりの貸出冊数は、年間の個人貸出冊数（書籍に限らず、雑誌やＤＶＤやＣＤといった視聴覚資料も含む）を当該自治体の人口で除した数値。

**参考文献**


「貸し出し猶予「主張に矛盾」」『朝日新聞』２０１６年2月17日付

「平成28年度長野県公共図書館概況」http://www.library.pref.nagano.jp/wp-content/uploads/2016/10/H28gaikyo8.pdf（参照　２０１７年2月10日）

「こぼればなし」『図書』２０１６年9月

# II

## やっぱり図書館員は本が好き

医師に「どうして医師を志したのですか」と問えば、「手術が好きだから」とは答えません。警察官に「どうして警察官を志したのですか」と問えば「法を犯した人を逮捕したいから」とは答えないでしょう。では、その理由とは何でしょうか。それは「人を幸せにしたいから」ではないでしょうか。

図書館員は本が好きだから図書館員になった、と思っていませんか。そういう人もなかにはいるでしょうが、図書館員の多くは先述した医師や警察官と同じく、「人を幸せにしたいから」だと私は思います。

図書館の棚を前にして、えも言われぬ感動を覚えることがあります。それは、バランスの良い選書、整頓が行き届き、効果的な魅せ方が施された「いい棚」に遭ったときです。一目惚れしたそのとき、この棚をつくった図書館員に会いたいと思うのです。

山林は人の手が入らないと荒れていくように、図書館の棚も、図書館員の手（愛情）が入らないと輝きを失います。そんな眩しい棚づくりを楽しむ6人のコレクション論。それぞれ味覚は違います。楽しんで味わってください。

# 北澤 梨絵子

きたざわ・りえこ

長野県塩尻市生まれ。塩尻市役所勤務。

幼少期から図書館に入りびたり、小・中学校では図書委員を務める。大学時代の司書養成課程受講、書店でのアルバイト経験を経て、図書館で働くことを志す。卒業後、塩尻市立図書館の嘱託職員として勤めるなか、職員採用試験の受験を決意。司書採用はないものの、希望が叶い一年目より図書館へ配属され、２０１０年オープンの新館の計画、移転、開館等に携わる。２０１７年４月、総務部へ異動。

# 好きな気持ちを応援したい！――まちの誇りをコレクションする

２０１２年２月、ある知らせに、「ついにチャンスがきた!?」と胸が高まりました。私の働いている塩尻市が、松本山雅ＦＣへの出資を予定しているというのです。

松本山雅ＦＣは、日本プロサッカーリーグに加盟しているサッカークラブです。２０１１年、ＪＦＬ（日本フットボールリーグ）で４位となり、２０１２年シーズンより、ついにＪ２リーグで戦うことになったのです。待ち望んだ悲願達成に、さらなる活躍を応援したいと街中が盛り上がっていました。

以前から、各地の図書館で少しずつ広まりつつあったＪリーグを中心とするプロスポーツとの連携が気になっていました。そして「塩尻でもいつか実現させたい！」と密かに思っていました。

なぜこのように思ったのか、３つの理由があります。

１つ目は、自分では思いつきもしなかった新しい形の図書館サービスに可能性を感じたこと。

２つ目は、選手による本の紹介やおはなし会、図書館同士でグッズや本などのコレクションを交換して展示をしあう交換展示といった取り組みを、真剣な想いで、楽しそうに開催している図書館職員の熱意に感化されたこと。

３つ目は、Ｊ２昇格を決めた２０１１年シーズンのホームゲーム平均入場者数が７４６１人、最終戦には１万１９５６人がつめかけるという、たくさんの応援する気持ち、〝好き〟という気持ちを図書館も応援したい！　一緒にまちも盛り上げたい！　そう思ったことです。

そんななか、聞こえてきたこの知らせに、あたためていた取り組みを形にするべく早速行動を開始。出資申込式が行われた4月17日より、数冊の本と雑誌、そして公式応援ソングが入ったＣＤというわずかなコレクションを置いただけのコーナーを設置しました。それから5年が経ちます。

## クラブチームのことをもっと知りたい！

なにはなくとも、コレクションにクラブチームのことが書かれている本は欠かせません。ライターによるドキュメンタリー、所属選手の手記、『松本山雅ＦＣあるある』（松本太陽著　山田真衣佳画　ＴＯブックス　２０１3年）のような気軽に読める本など、チームが主題となっているもののほか『サッカー番狂わせ完全読本』（河治良幸　東邦出版　２０１5年）、『シビックプライド2　国内編』（伊藤香織・紫牟田伸子監修　シビックプライド研究会編著　宣伝会議　2015年）のように、タイトルに「山雅」の文字がなくても、取り上げられている場合もあるので見落とさないようにしたいところです。

地元の新聞社が発行しているグラフィック雑誌などは部数が限られています。また、その地域の書店が主な販売ルートという場合もあるので、買い逃さないよう注意しています。サッカーの専門雑誌や専門紙も徐々に増やしていきました。最新号での鮮度が高い情報提供とあわせて、バックナンバーの提供ができるのは図書館の強みのひとつです。限られた期間、その地域でしか入手できないフリーペーパーも、貴重な情報源です。地域資料としての価値も高いので、毎号送っていただく依頼をしました。時間と労力はかかりますが、目次や見出しの情報を整理しておくと、クラブチームに関連する記事をすばやく探すことができ、資料価値がより高まります。それを痛感したできごとがありました。

2013年にガンバ大阪がJ2リーグでプレーしていたときに、「ガンバ大阪が対戦相手のホームタウンに大きな経済効果をもたらしているという新聞記事をもう一度読みたい」、こう尋ねてこられた方がいました。新聞、データベースでの調査はもちろん、すでに対戦が終わった地域の図書館へも問い合わせましたが、お探しの記事に合致するものは見つけられませんでした。それから半年以上経ったころ、サッカー雑誌を整理していた際に、「地方クラブから見たG大阪の経済効果　J2を潤す〝ガンバ特需〟」という記事が目に飛び込んできました。「雑誌記事かも……」という考えに至らなかった自分の未熟さを反省しましたが、雑誌の記事情報が整備されていればお渡しできていたかもしれません。現在は、雑誌の目次をインターネットの蔵書検索でも調べられるように図書館システムに登録したり、新聞の見出しをエクセルで整理したり、問い合わせに可能な限り応えられるようにしています。

### 対戦相手のことを知りたい

「あのすばらしいプレーをしていた背番号23番の選手は誰なのだろう！」観戦をしていると、自分の応援しているクラブチームだけでなく、対戦相手のことが気になることがあります。そんな疑問には選手名鑑があります。多くが、シーズンが始まる頃に出版されるため、時期によってはまちの書店ではお目にかかれないことがあります。複数の出版社から発刊されていて、掲載情報にはそれぞれ個性があるので、図書館で見比べられると便利です。

ほかには、各クラブチームが作成している「イヤーブック」があります。入手方法が限定されていることが多いため、応援しているクラブ以外のものを目にする機会はほぼないと思います。

そこで図書館の出番です。年1冊の発行で、価格は千円前後が多く、たとえばJ2リーグに所属する全22チーム分を集めても、2万円ほどの費用です。あわせて、広報用のポスターなども送ってもらえれば、試合のPRも兼ねたコレクションとなります。場所さえ確保できれば、シーズン後に結果とあわせて全チーム分のポスターを掲示するという企画展示も開催できます。

またホームタウンや本拠地のあるスポーツでは、敵地で試合を行うアウェー戦があります。アウェイツーリズムということばが存在するように、観戦と旅行とを兼ねてという場合も少なくありません。となると、観戦に行くまちの観光ガイドや地図はもとより、そのまちの紀行文を集めて展示するといった、いかにも図書館らしい応援ができます。あわせて各地から取り寄せた観光パンフレットを一緒に置いて、入手しにくい細かな情報も提供しています。

## 記録を未来につなぐ

最も鮮度が高く、細かい情報を伝えているは地元の新聞です。塩尻市周辺地域には『市民タイムス』という地域密着型の新聞があります。ファンの声なども含め、ほぼ毎日、何かしら松本山雅FCに関する記事が掲載されています。新聞社によるデータベース化はされていませんので、こうした新聞記事を切り抜いたスクラップは、貴重な記録になっています。

それから、試合会場でしか配布されない、「マッチデープログラム」というものがあります。クラブチームの公式ホームページで見られるところもありますが、塩尻市立図書館ではシーズン終了後にクラブチームから余分をいただいています。また、定期的に情報誌や会報誌が刊行されている場合もあります。ファンクラブ会員限定で配布していることが多いため入手しにくいものですが、やはり残していきたいコレクションであり、今後の課題です。あわせて、ファンクラブが独自に作成している広報物の有無も要チェックです。

## 興味が広がったら

クラブチームの応援観戦をきっかけに、そのスポーツ自体に興味をもつ人もいるでしょう。なるべくわかりやすい入門書から、ルールブックや戦術解説、プレーしたい人へ向けた実用書、選手や監督が書いた手記、日本だけでなく海外事情のわかる本など、児童書も含めて、幅広い収集を心がけておきたいものです。また、もっと多くのサッカー本が世に出て、多くの人に読まれるようになればという思いが込められた「サッカー本大賞」の受賞作には、地方の書店ではあまり目にできないものも含まれています。こういった本にも目を配りたいところです。

## コアなファンを唸らせることはできるか?

これまで書いてきたことは、図書館に行かずとも自分で十分賄えている、という人もいるかもしれません。そこで、図書館とクラブチームとの連携について少し紹介したいと思います。

塩尻で取り組みをはじめる前から、川崎市立図書館や鳥取県立図書館、潮来市立図書館、愛媛県立図書館、さいたま市立東浦和図書館・大宮図書館など各地の図書館で、コレクションの収集や、選手による読み聞かせなどの連携事業が行われていました。２０１０年５月には「Ｊリーグと図書館の連携研究会」がつくられ、10月には「図書館からスタジアムへ行こう‼ スタジアムから図書館へ行こう‼」という全国同時キャンペーンも展開されています。

連携を担当するみなさんとのつながりができるなかで、事業に関しても気持ちに関しても多くの影響を受けました。ライバル心を少し出して、独自の取り組みである、松本市、安曇野市、山形村、大町市、池田町の図書館との合同企画を紹介します。これは、秋の読書週間中に、図書館で本を借りた人へ松本山雅ＦＣ作成のしおりをプレゼントするというもので、ホームタウン地域の図書館でしか入手できないレアさが売りです。この企画は松本市に加え、塩尻市と安曇野市がホームタウンに認定された２０１３年に、松本山雅と各図書館の担当者の話し合いから生まれました。地域全体で盛り上げていこうという思いが形になったものといえます。また、鹿嶋市立図書館で行っているような、試合の日にカウンターの職員がユニフォームを着るといった取り組みもありますが、ホームでの試合が近くなると、図書館内あちこちにチームカラーの緑色が目立つようになる、そんな遊び心があっても面白いかもしれませんね。図書館からスタジアムへ行ってみようと思ってもらえるような雰囲気づくりについても、考えていきたいところです。

くわえて、クラブチームのアウェー戦の試合会場で配布された「マッチデープログラム」が揃っていたり、対戦相手のホームタウン地域の地元新聞が報じた試合の記事を見ることができたりすると、さらに図書館のもつ力をアピールできると思います。同じような取り組みや連携を行っている他地域の図書館と交換するなどすれば、実現は可能なのではないでしょうか。

もうひとつ、コレクションという意味では、クラブチームの公式グッズをどう考えるかという問題があります。どこの自治体でも公費でグッズを購入することはかなり難しいと思いますが、職員の持ち出しでは一過性で終わってしまいかねません。そこで重要になってくるのは「連携」です。クラブチームとの関係を築くことも大切ですが、自治体内の担当部署と日ごろから情報交換をしておくことの重要性も挙げたいと思います。グッズやサイン色紙などをもっている場合は、展示のために借りることも可能でしょう。また、担当部署を通じて企画の依頼をすることで、図書館の思いを担当部署に理解してもらうことにも繋がります。総合計画での位置づけや、「図書館」としてやるべき連携は何か整理し、担当者一人の努力によるものではなく、組織として継続できる応援をしていくことが重要だと思っています。

## 地域に目を向ける

２０１１年に国土交通省が策定した「スポーツツーリズム推進基本方針」では、スポーツによる観光やまちづくり、健康増進や産業振興をうたっています。塩尻市はサッカーですが、バレーボールやバスケットボール、野球やラグビーなど、地域を拠点にしているプロスポーツは多々あります。また、マラソンや自転車の大会などを開催する自治体も増えてきています。そういった動きを注視し、図書館がそこに集うみなさんの〝好き〟を応援することで、新たな取り組み、働きかけが生まれるのだと思います。結果、地域の誇りがコレクションとなり、図書館が記憶装置としての役割を果たすことにもつながります。

私は、もともとサッカーに特別な思い入れがあったわけではありません。当時の上司たちへ事業の提案を語った際にも、「そんなにサッカー好きだったんだね」と言われましたが、「いえ、私が好きなのは図書館です」と答えたくらいです。数年後、カンプノウでＦＣバルセロナの試合を観て大興奮している未来があるとは夢にも思っていなかった頃です。

他の図書館での取り組みを通じて、地域のみなさんが応援している松本山雅ＦＣの存在を再認識したことで、私の世界は大きく広がりました。それを図書館のコレクションや取り組みに還元して、今度はみなさんの世界を広げることにつながったら、幸せな好循環が続いていくと思います。図書館職員は本だけでなく、人も好きでなければなりません。さらに、人々が暮らす地域も好きでなければならないと思うのです。地域は、向こうからやってきてくれるものではないので、自分で出かけていかねば知ることはできません。今は興味がないことでも、担当していることと直接関係がないことでも、職場の仲間たちと同じものを見て共有することが、図書館サービス全体の向上につながるのだと信じています。私の思い浮かべる理想は、広島市立図書館職員のみなさんのような、この前は紫のユニフォームで、今日は赤のユニフォームで、と実に楽しげに集団で地域に飛び出していく姿です。そういったチームワークの良さはきっと日ごろの図書館サービスにも現れていることと思います。

松本山雅ＦＣの応援歌（チャント）には、「俺の誇り」「俺たちの誇り」「街の誇り」といったことばが歌われているものがいくつもあります。

プロスポーツに限らずまちの誇りにはさまざまなものがあるはずです。コレクション構築のベースは、そこで働く図書館職員の「地域が〝好き〟という気持ち」が欠かせないと思うのです。年齢、性別を問わず、共通の話題となり、地域のみなさんが生き生きと応援している姿を見ると、このまちに松本山雅FCがあってよかったと純粋に思います。不毛の地とも呼ばれていた長野県に、サッカーを楽しむ文化を地道に根付かせてくださったすべての方への敬意をもちつつ、これからもまちの魅力、誇り、地域のみなさんの〝好き〟という気持ち、一つひとつに向き合い、応援できる図書館でありたい、そう強く願っています。

みなさんのまちの誇りは何ですか？

**参考文献**

天野奈緒也「図書館と地域のプロスポーツの連携　2009〜2012年の動向」『図書館雑誌』2013年2月号　96〜97頁
神代浩『困ったときには図書館へ　図書館海援隊の挑戦』悠光堂　2014年
Jリーグホームページ　https://www.jleague.jp
松本山雅FCオフィシャルウェブサイト　http://www.yamaga-fc.com/
がんばれ！信州サッカー　http://www.shinmai.co.jp/soccer/

## 地元企業から見る本づくりの現場とコレクション

### コレクション構築の視点

年間8万点ともいわれる出版物。全国の図書館ではいったいどのような視点で本を選んでいるのでしょうか。

図書館で購入する本を選ぶ「選書」の方法や「選書論」のような技術や知識の部分ではなく、図書館で働くみなさんはどのような気持ちで、どのような想いを込めて1冊の本を選んでいるのか、読者へどう本を届けているのか、常に興味・関心が高い事項です。

本は、さまざまな人の手を経て形となっています。そして、その人たちの想いを乗せて私たち読み手の元へと届いています。図書館はこういった本を利用者へとつなぐ役割を担っています。直接手渡すことができる立場だからこそ、職員は図書館のプロであるだけでなく、本のプロでもあるべきだと思うのです。たとえば、本がつくられる現場や流通についての知識をもち理解を深めること、これからも多様な本が生まれ続けるために図書館ができる出版文化への寄与という視点をもつこと。このような意識は、図書館のコレクションとして本を選ぶ際、利用者と本を結ぶ際において、私のなかで、ひとつの重要な軸となっています。

こういった思いを抱くに至るまでに、転機となったできごとがあります。

### 本づくりの現場を知る

ひとつは、2011年に当時の館長が職員向けに開いた、出版の現状と流通をテーマにした学習会に参加したことです。詳しい内容については前作『ちょっとマニアックな図書館コレクション談義』の第Ⅰ章をお読みいただければと思いますが、恥ずかしながら初めて聞いた話ばかりで、図書館職員が出版のことを学ぶ意義を深く考えさせられました。翌年から始まる「信州しおじり本の寺子屋」に込められた、本の可能性を広くみんなで考えることの意義を理解し、図書館職員も出版文化の一翼を担っているのだという自覚がここで芽生えたといえます。

そして、現場の職員がそれを共有できたことが、2015年に開校する「信州しおじり子ども本の寺子屋」につながっていったのだと思います。多くの人たちの〝本を届けたい〟という思いを子どもたちにも伝えていきたい、そういった願いを込めて始まったこの取り組み。そのなかの「本ができるまでツアー」がもうひとつの転機です。

この見学ツアーで目の当たりにした、出版社で企画された本の原稿が、印刷会社、製本会社で、実際に「本」という形になっていく過程に、大きなインパクトを受けました。パソコンの中にあったデータが、A1ポスターどころではない大きさの紙に次々と刷られていくところ、1色を出すまでの色へのこだわり、1枚の紙だったものが、折られ、切られて、重なり、綴じられて本の形になっていく様子。開きやすさ・壊れにくさの追及……。何より、本づくりの現場にはこんなにもたくさんの工程があり、こんなにも多くの人がかかわっているのだということに改めて気づかされました。

『出版年鑑2016-1 資料・名簿』(出版ニュース社 2016年)に掲載されている「都道府県別出版社並びに小売店数」の出版社数を基にすると、東京にある出版社は日本全体の76・2%を占めています。次いで、大阪の4・1%、京都の3・6%と続きます。同じ年ではないので単純比較はできませんが、『平成24年経済センサス活動調査 産業別集計(製造業)「細分類編」統計表データ』より「都道府県別の産業細分類別統計表(従業者4人以上の事業所)」を見てみると、オフセット印刷業(紙に対するもの)+オフセット印刷以外の印刷業(紙に対するもの)の事業所数で最も多いのは、東京で19・8%、次いで大阪の10・1%、愛知の6・3%と続きます。製本業を見てみると、やはり東京が最も多く、35・2%、次いで埼玉の14・7%、大阪の12・7%となっています。出版社の東京一極集中に比べると、印刷や製本はまだ地方に分散している様子が窺《うかが》えます。それもあってか、出版社は東京でも、印刷は地方の印刷会社が担当、などということもあるのです。たとえば、２０１４年のベストセラーにランクインしていた『人生はニャンとかなる！』（水野敬也・長沼直樹　文響社　２０１３年）は塩尻市内の印刷会社で手掛けられたものです。

## 地元でつくられた本をコレクションに

地元企業が製作に携わった本、という点でコレクションの収集を考えると、また違った広がりが出てきます。図書館の多くは、内容が地元にまつわるものを郷土資料として集めていると思います。そのほかに、内容が郷土に関わるものでなくとも地元出身の著作者が書いた本を、郷土資料コーナーに置いている館も一般的だと思います。それと同様に、本の製作が地元企業という場合も郷土資料として扱うことができるのではないかと思うのです。

そういった視点で集めた本を、出版社、印刷会社、製本会社などで分けて、会社の紹介とともに展示するということはやってみたいうちのひとつです。数冊にスポットを当てて、製作に携わった人によるこだわりや注目点のコメントや、感想を一緒に掲示する、そんなことができれば、図書館で集めたコレクションが地域とつながって見えてきます。図書館の蔵書としての装備をする前の状態で展示できれば、カバーの手触りや色合い、カバーを取った表紙のデザインなど、その本が元々もっている魅力もあわせて伝えることができます。地元企業のことを知ってもらうとともに、地元でつくられた本、という新たな視点で手に取ってもらうことにつながれば、読者が本を選ぶときの幅が広がり、新たな出合いの創出にもつながります。たとえば、「あの印刷会社で刷られた本なら買ってみようか」「あそこの製本会社でつくられた本はしっかりしてるんだよな」というように。

集めるだけでなく、地元の企業がどのような仕事をしているのか知り、それが伝わるように魅せるというのも、コレクション収集とあわせて考えたい点です。

## 本が読者の手元に届くまでに携わっている人々

本の奥付を見ると、著者名、出版社（者）名だけでなく、印刷会社、製本会社の名前が明記されています。奥付に限らず本全体を見ると、装丁家や装画家、企画者、デザイナー、写真撮影者など、完成するまでにかかわった人や会社名を知ることができます。本は多くの人の手による「作品」です。そして最終的に、書店や図書館が読者へとつなぎます。ひとつでも、一人でも欠けたら、今みなさんの手元にあるその本は存在しなかったかもしれません。

2015年に参加した「仕事」をテーマとした講演会で、熱い思いをもった地元の印刷会社の方との出会いがありました。翌年の「本ができるまでツアー」でお世話になっただけでなく、塩尻書店組の賛同も得て、本を手に取ってもらうきっかけづくりを目的とした「本の帯コンテスト」や「贈り帯《たい》」という別の企画にも発展しました。会話を重ねるなかで、印刷会社でも出版不況と言われる現状について大きな危機意識をもっていることがわかり、「何か一緒にできることがあれば」と言っていただいたことから実現したものです。

作品が完成するまでの過程にこういった地元の会社や出身者がかかわり、素晴らしい仕事をしていたとしたら、地元の図書館としてそこにスポットを当てられないものでしょうか。残念ながらインターネットや目録からでは、そこまでの細かい情報を拾うことができません。図書館がどれだけ地域に目を向け、情報を集めているか、そしてそれを広く発信しようとしているか、そんなところに図書館ならではの本との向き合い方があるように思います。

## コレクション構築の視点

今、私の手元に、松本市在住、詩人でグラフィックデザイナーのウチダゴウさんによる『空き地の勝手』という詩集があります。詩だけでなく、デザインも手掛けられ、発行はご自身が代表を務める「してきなしごと」。それを印刷・製本したのは地元の印刷会社です。しかし、著者が地元の方でありながら、これを所蔵している図書館は長野県内に1館しかありません。ＩＳＢＮが付いていて、求めれば入手もできるものであるにもかかわらずです。

決まった情報源にとどまっていては利用者への橋渡しができない本もある、そういった意識は常にもっていたいと思います。たとえＩＳＢＮがついていない本であっても、購入先が限定されている本であっても、地元の図書館としてコレクションに加えることを検討するべきものはあるはずです。どういう基準や方法で収集していくべきか、整理しておくことが必要です。

選書の際に思い出すことばがあります。

ひとつは、ある出版社の社長のことば、「図書館で本が購入されるのは、質の高さの証明」。もうひとつは、小学生のことば、「図書館で知らなかったことを知ることができて楽しかった」。さらには、別の部署の職員に言われたことば、「図書館って、もっと市民が塩尻市の課題に気づけるような本を用意することができるんじゃないの」。

どれも、資料収集方針に掲げていることを、実際にどれだけ形にできているのか問われた、ハッとさせられるものでした。

方針と基準に沿った基本となるコレクションが土台にあること、自治体の図書館として地域と真剣に向き合い未来に残すコレクションを見定めること、そして、本そのものとともにそこに携わったさまざまな人の想いを利用者へと届けること。図書館のコレクションにはそんな視点が必要なのではないかと思います。

書店とも、どこの図書館とも違う、塩尻市立図書館だからこそのコレクションとは――。正解がないからこそ、いろいろなものを見て、いろいろな方々とかかわって、そして、考え続ける。コレクション談義に終わりはないのです。

## 手紙のもつ力と図書館からのラブレター

みなさんが、最後に手紙を書いたり、もらったりしたのはいつですか？ 電話でいつでも相手と会話ができて、便利で早いＳＮＳでのやりとりが日常化するなか、手紙を書く機会は極端に少なくなっているようです。

それを裏付ける統計があります。総務省による「家計調査　家計収支編　総世帯」の「郵便料」を見ると、２０１６年の一世帯当たりで支払われた郵便料は３７４５円。手紙（82円）に換算すると年間約45通分、年賀状も含むハガキ（52円）で考えると約72通分となります。「こんなに郵便料って使ってたかな……」と思う方も多いのではないでしょうか。ちなみに、同項目の２００７年は４５６９円。年によって多少の増減はあるものの減少傾向となっています。それに比べ、同じ統計の「移動電話通信料」を見ると、２０１６年は９万６３０６円、２００７年は７万３９９２円、「インターネット接続料」の２０１６年は２万２７９６円、２００７年は１万５８２０円と、どちらの支出も増加の一途を辿っています。携帯電話、インターネットの普及により、電子機器での通信が主流となっている様子がわかります。

かといって、「文の文化」が廃れてしまうかというと、そうではないと思います。

### 手紙で続く縁

私は決してまめではありませんが、誕生日カード、季節の挨拶、お礼状など、筆を取る機会は年に何回も訪れます。送り先のおひとりに、神奈川に住む人生の大先輩がいます。２００９年に４５００冊の蔵書を寄贈してくださり、受け取りにはコンテナ車2台、ミニバン1台を使い、職員8名が一泊二日で伺いました。たいへんな作業でしたが、お茶の時間に出してくださった手作りチーズケーキは今も忘れない思い出の味です。振り返ると、年に数回の手紙での交流はもう10年に迫ろうとしています。温かい文字で、毎回最後に、「いつでも遊びに来てください」とあるのがうれしくて、何回か再訪しました。縁が切れることなく、こうした関係が続いているのは、手紙でのやり取りがあるからにほかなりません。

日本文学研究者の旦那様とお義父様、二代にわたる蔵書を散逸させたくないとの思いを受け、縁あって塩尻市に辿り着いた文学コレクションは、今も大事に活用されています。

## 塩尻市と筑摩書房、古田晁にまつわる手紙

この、県を超えた寄贈が実現した大きな要因は、塩尻市の職員に旦那様の教え子がいたこと、話の持ち上がった当時、新図書館建設中で本の置き場所の確保が見込めたことでした。ですが、もうひとつ、筑摩書房の創立者・古田晁が塩尻市の出身であったということも遠からず影響しているのではないかと思います。多くの作家を育て、優れた文学作品、文学全集を世に送り出してきた筑摩書房の生みの親の存在があったからこそ、塩尻市として、この文学コレクションの受け入れが必要だと判断されたのではないかと思います。

塩尻市には、図書館長が兼務で館長を務める、古田晁にまつわるコレクションを収集・展示した記念館があります。ここには古田に縁のある手紙やハガキが数多く収蔵されています。これらは当時の交友関係、古田の人物像、交流のあった作家の素顔も窺える貴重な資料です。見ていくと、相談や仕事に関する内容のほか、古田からの贈り物への礼を述べたものが多いことに気付きます。井伏鱒二より松茸のお礼、川端康成より栗菓子のお礼、谷崎潤一郎より七面鳥料理のお礼、中野重治よりイノシシのお礼……。面倒見がよかったという古田の優しく温かい人柄が伝わってきます。また古田は、太宰治が死を選ぶ前、最後に会いに行った相手でもあるのですが、記念館にはその葬儀で読まれた弔辞の原稿も収められています。豪快なイメージと

は違う、丁寧な細い文字で書かれた最後の手紙からは、「あのとき訪ねてきた太宰に会えていたら彼は死ななかったかもしれない」という後悔の思いまでも見えるような気がします。

## 手紙で書かれた文学作品

全体が手紙の形でつづられた書簡体小説という分野があります。18世紀、フランスを中心に多くの傑作が生みだされました。広く知られているのが、ゲーテの『若きウェルテルの悩み』ですが、日本でも古くは『堤中納言物語』の「よしなしごと」という短編でもその形式が見られます。太宰もこの形をとった小説を書いています。個人的に終わり方も好きな『風の便り』は、売れない若手作家と大御所作家の掛け合いで、この形式を存分に活かしたストーリーがぐいぐいと進んでいきます。二人の手紙の中には、太宰の抱く作家という職業に対する持論が見えるようで、そういった面でもたいへん興味深い作品です。

書簡体小説の魅力はいくつかあります。一人が書いた手紙で進むのか、複数の人物の手紙が登場するのか、それに対する返信があるかによって、まったく違う趣になるところ。誰かへ宛てた手紙を読むことで進んでいくため、読者の想像力も物語を構成する要素のひとつとなり、読むごとに発見があるところ。書き手とその相手という、人と人との関係の在り方がたいへん重要な要素になっているところ。そんなところにあるのではと思います。『錦繍』（宮本輝　新潮社　1982年）、『恋文の技術』（森見登美彦　ポプラ社　2009年）、『往復書簡』（湊かなえ　幻冬舎　2010年）、『三島由紀夫レター教室』（三島由紀夫　筑摩書房　1991年）など、日本の現代文学にもこの形式の奥深さを味わえる作品が多数あります。

### 手紙を読む

フランス文学者で評論家の河盛好蔵は「手紙の文章」の中でこのように言っています。「手紙というものは、その場にいない人に、直接話しかける代りに書くものである。（中略）しかしいずれの場合にしても、手紙ほど書き手の人柄の現われるものはない」。

記念館や文学館が近くになくとも、書簡集で作家の手紙を読むことができます。作品を読むだけでは見えない人間味が覗ける楽しさがあります。日記と違い、宛てた人との関係性によって父の顔、友人の顔、恋人の顔、さまざまな素の表情が多面的に見えるのも、書簡集に惹かれる理由の一つです。

また河盛はこのようにも言っています。「いい手紙は誰でも書きたいものだが、いい手紙というものは自然にできるもので、これから一つうまい手紙を書いてやろうと思っても、そうはゆかない。その証拠に、たどたどしい文章であっても、心のこもった手紙、感動にあふれた手紙は、人を感動させるのである」。

1993年よりまちおこしも兼ねて開催されている、福井県坂井市丸岡町の手紙コンクール「日本一短い手紙　一筆啓上賞」では、毎年異なるテーマで手紙が募集され、入選作品が掲載された作品集が出版されています。たとえば、『日本一短い手紙「花」』（中央経済社　2015年）にこのような作品があります。

「天国の妻」へ
おーい、お花を新しくしたぞ。
活け方に文句あるなら出てこいや
（七十歳　会社員）

妻に会いたい気持ちを不器用に表す手紙に、夫の穏やかな愛を感じてぐっときます。作品集は、決してうまい手紙を書こうと思ったのでなく、自然にできたものが人を感動させるのだと思える手紙であふれています。誰もが知っている人の書いたものでなくとも、心動かされるものはたくさんあります。人の数だけ手紙があるのです。

## コレクションで図書館の想いを伝える

私は旅の途中に、紙屋さんや雑貨屋さんなどに寄って、その土地ならではの便箋や絵はがきを買って帰ります。これを使うことが帰ってからの楽しみのひとつです。また、郵便局で切手シートを見るのも好きです。よく知られている、記念に発行される特殊切手やふるさと切手のほかに、グリーティング切手というものがあります。親しみやすい絵柄だったり、写真だったり、形も星や六角などさまざま。今、手元にあるのは「ピーターラビット」「ぐりとぐら」。そして、「こんとあき」の切手シートは私をよく知る友人がくれたものです。絵本好きの方にはつい買ってしまう気持ち、わかっていただけるのではないでしょうか。相手や季節によって、どれを貼ろうか迷うのも手紙の楽しみです。

歌人の佐佐木幸綱は手紙にまつわるエッセイ「手紙文を考える　現代人と手紙」の中でこのように述べています。「私たちが手紙を書く習慣を失いつつあるということは、思いを遠くやることが不得手になりつつあるということなのかもしれない」。

電話やＳＮＳのように即時にやり取りができず、切手の料金で分量が制限される手紙では、よく相手のことを想像して、ことばを選んだり、伝えたいことを厳選したりする必要があります。図書館サービスも人と人との関係の上に成り立っています。現状の利用者ニーズにとどまらず、潜在的な利用者へもサービスを届けたい、そのためには、顔の見えにくい相手が必要としていることを想像し、思いやる気持ちをもってあたらなければなりません。

図書館の基礎となるコレクションで考えてみると、まだお会いできていない方々に振り向いてもらうにはどんな本が必要だろうと、一冊ずつ想いを込めて選んでいくこと、これは言ってみれば、図書館からみなさんへラブレターを書き続けるようなものなのかもしれません。カウンターで「初めて来たけどいい図書館だね」「この本があるからこの図書館に来た」といった、非常に嬉しいことばをかけられることがあります。これは、振り向いてほしい相手に気持ちが届いたという返信なのかもしれません。コレクション構築は、悩ましくもやりがいのある幸せなしごとです。コレクション談義はまだまだ続いていきます。

**引用・参考文献**

河盛好蔵ほか『手紙のことば』河出書房新社　1989年
佐佐木幸綱「手紙文を考える　現代人と手紙」『講座日本語の表現4』筑摩書房　1984年
晒名昇編『古田晁記念館資料集』塩尻市立古田晁記念館　2003年
塩澤実信『古田晁伝説』河出書房新社　2003年
『世界文学事典』編集委員会編『集英社世界文学事典』集英社　2002年

清野 愛子

きよの・あいこ

東京都在住。十代の頃は受験勉強のために地元の図書館によく通っていた。何か面白い本はないかとフロアをうろつくも上手く探せない上に司書は無愛想（に見えた）。「もし私が図書館員だったら……」との妄想を繰り返しながら大学で司書資格を取得。２００３年より、東京都荒川区立図書館で非常勤職員としてＹＡサービスの現場修行を積む。２０１３年、神奈川県相模原市立相模大野図書館に専門職司書として採用され、現在は委託業務の進行管理やサービス事業の企画立案等を担当。ヤングアダルトサービス研究会代表。自他ともに認める食いしん坊、目下、毎週月曜日はスポーツクラブの日。

# やってみよう！　ＹＡサービス

## ＹＡサービスって？

私はこれまで十数年間、公共図書館のＹＡサービス担当として、かつては現場の第一線で、現在は裏方の事務担当として、ＹＡサービスに携わってきました。ＹＡとはヤングアダルトの略。大人でも子どもでもない、おもに十代の若者を対象としたサービスを、公共図書館ではヤングアダルトサービスといいます（中高生世代をメインターゲットとしたり、大学生まで含んだり、年齢的な定義は図書館によって多少違います）。図書館によっては、「ティーンズサービス」としているところや、コーナー名を十代利用者から募集し、オリジナリティあふれる呼称を工夫しているところもありますね。十代は、大人を目指して成長中の大人初心者なので、子ども扱いはナンセンス。かといって、大人ほど器用に図書館を使いこなせるわけでもない。だから、この世代の特性やニーズに配慮したサービスが必要じゃないか？ということでＹＡサービスの実践が始まったのが１９７０〜８０年代。いまでは多くの図書館でＹＡサービスが行われています。

一方で、「十代はあまり本を読まないから、あえてＹＡサービスをやる必要性はないのでは？」と考えている図書館もあるかもしれません。たしかに、児童に比べて十代の読書ニーズは見えにくいかもしれません。しかし、一概に「読書離れしている」と言い切ってしまうのは早計だと私は思っています。また、サービスの必要性は感じているものの、予算も少ないし、ＹＡ向けの専用コーナーを設けるスペースもないし、専任の担当者を配置する人的な余裕もないから……となかなか一歩を踏み出せない図書館も少なからずあるのではないかと思います。けれども、たとえ立派なコーナーがなくても、小さな棚一つ、ブックトラック一つから始められるのがＹＡサービスです。では、何ができるのか――。

ということで、ＹＡサービスという多分「ちょっとマニアックな」サービスをテーマに、コレクションづくりの枠を超えて、ＹＡサービスにまつわるあれこれについて、私の経験をもとに書かせていただこうと思います。

## ＹＡノートからの棚づくり

皆さんは、図書館に十代専用の「書き込みノート」のようなものが置いてあるのを見かけたことはありませんか。これは、十代の利用者がイラストやコメントなどを自由に書き込めるノートで、ＹＡサービスの手法のひとつとして昔から実践されているものです。十代の利用者同士が表現し、交流し、楽しんでもらうことはもちろん、ＹＡ担当者が自館の十代利用者の「ナマの声」を知るための有効なツールでもあります。ノートではなく、投稿掲示板という形で運営している図書館も多いですね。また、最近ではホームページの掲示板や、ツイッター等のＳＮＳに媒体を変えて、ＹＡノート的な表現や交流の場を用意している図書館もあります。十代の多くが自分のケータイを持ち、あらゆるＳＮＳに馴染んでいる昨今ですから、ＹＡノートは今や古典的なツールなのかもしれません。しかし、ＹＡ担当の立場から言えば、十代のニーズ把握ができるメリットに加えて、常連の利用者をつくるための手がかりとしては、なかなか侮れないのではないかとも思っています。

私が以前勤めていた図書館では、ＹＡ棚の付近にノートを置いていました。毎朝、開館時間を迎える前に、新しい書き込みがされていないかをチェックすることが日課で、それはＹＡ担当として楽しみな仕事のひとつでもありました。ノートには実にさまざまな十代の声があふれています。最近読んでおもしろかった本やマンガを紹介してくれる人。悩みごとを相談してくれる人（親でも先生でも友達でもない、図書館員という立ち位置がちょうどいいみたい？）。プロ顔負けのめちゃくちゃ上手なイラストを書く人。「泣ける本にはまってます。ＹＡ担当さん、オススメを教えて！」と担当泣かせ（広すぎて難しい！）だけれど嬉しい質問をしてくれる人。ノートでオススメされた本は、すぐに図書館に所蔵しているかを調べます。もし所蔵していなくても、「あの子ならきっとこの本も好きかな？」と想像を巡らせて同じ作家やジャンルの本を探してきてはYA棚に移動させつつ、そのことをノートで返信します。十代の興味関心はとても流動的なので、棚の本は頻繁にとっかえひっかえします（だからYA棚は「別置」方式にするとやりやすいです。固定的な「コレクション」を構築していくというよりは「特集展示」に近いイメージです）。こうして十代の声を反映させた「生きた棚」が少しずつ出来上がっていくわけです。

また、たとえばノートに書き込みされた本が貸出中だった場合に、「○○という本は△△の棚にあるけど、大人気で貸出中だから、予約をしてみてね。ちなみに予約って知ってる？」といった感じで返信コメントを書き込むようにしています。この「ちなみに……」以下がポイントで、これこそYAサービスの肝心要な部分だったりします。十代って、まだまだ図書館の初心者です。だから、上手な本の探し方や図書館の使い方を知らない人が多いのです。子どもの頃だったら児童カウンターの職員に気軽に声をかけることができた子も、中学生くらいになるとなかなか同じようにはいかないだろうことは想像に難くないですよね。〝カウンターの壁〟

は図書館員が思っている以上に高いはず。だからこそ、ＹＡノートって使えるんです。返信コメントでさりげなく図書館の活用法をレクチャーします。それを読んでくれた人は、次第に読みたい本を一人で探せるようになります。いずれはＹＡノートを卒業して、図書館を自在に使いこなせる大人の利用者になってくれたら……それこそＹＡ担当冥利につきるってモンです。ＹＡサービスの一番重要なポイントはこんなところにあるのではないかと思っています。

## 「読書離れ」ってホント？

### 出前ブックトークに行こう！

部活に塾にケータイに……と、とにかく忙しい十代。彼らに図書館の魅力を知ってもらうためには、ただ受け身で待っているだけでは足りません。十代のための本を備えた棚や、おすすめ本のブックリストを作ったなら、利用してもらいたくてうずうずしてくるのがＹＡ担当の性ってモンです。それならこちらから打って出よう！ということで、かつて勤務していた図書館では、近隣の中学校へ「出前ブックトーク」に行っていました。ブックトークとは、特定のテーマに関するさまざまな形態や種類の本を選び、組み立て、関連づけて紹介する手法のこと。広い本の世界をまだまだ知らない十代に向けて、本との出会いを楽しく演出するにはうってつけです。

テーマは「スポーツ」「夏休み」「修学旅行」「進路・夢」などいろいろです。国語の時間にお邪魔して１クラス30人程を対象に行うこともあれば、図書委員会の活動時間中に全学年の図書委員を対象に行うこともあります。中学生の反応は、一見するととてもクール。小学1年生と同じような反応を期待して行うとおそらく傷つくことでしょう（笑）。いつもの教室に突然先生以外の大人が来るわけなので、強張った面差しをしている人もいれば、中にはあからさまにだらーっと眠そうな姿勢をとる人も。ところが意外にも、そうした反応とはうらはらに、結構関心をもって聞いてくれているみたいなんです。実は、ブックトークの最後には必ず簡単なアンケート用紙を配付し、感想などを書いてもらっていました。そこには、「紹介された○○って本の続きがめちゃくちゃ気になるから、すぐに借りて読んでみます！」とか、「図書館には古くて難しい本しかないと思っていたけど、中学生でも面白く読めそうな本があることがわかった。朝読の本を借りに行きたいと思います」といった声があふれていました。そうした声に勇気づけられると同時に、実は面白い本を読みたいと思っている（けれども何が面白い本かうまく見つけ出せない）十代は少なくないのではないか？という疑問と期待感が膨らんできました。

## 読書調査を眺めてみる

「最近の若者は読書離れしている」と決まり文句のように言われます。私はこの決まり文句があまり好きではありません。だって、これって「最近」ではなく「いつの時代も」言われてきたはずだから、どこか胡散臭くて正直耳ダコ！って感じです。そもそも「読書離れ」とは何を、または誰を基準に「読書離れ」というのでしょうか。読書調査をもとに、謎を解明してみたいと思います。

十代の読書実態を知るための手がかりとして、「学校読書調査」があります。この調査は、学校図書館法が施行された1954年からずっと継続して実施されており、日本の子どもの読書実態を知るための貴重な調査です。2016年に行われた第62回調査では、児童生徒の「5月1か月間の平均読書冊数」は、小学生11・4冊、中学生4・2冊、高校生1・4冊となっており、学齢の上昇に伴って読書冊数が大きく減少していることが一目瞭然です。しかし、少し見方を変えてそれぞれの年次ごとの長期的な推移に着目すると、中高生の読書冊数は決して減少していないことがわかります。たとえば、10年前の2006年は、中学生の平均読書冊数は2・8冊でした。さらに10年前の1996年だと1・9冊です。1996年と2016年と比較すると、実は20年間で読書冊数は2倍以上に増加しているのです。高校生は中学生ほどの上昇はありませんが、ほぼ横ばいをキープしている状態です。つまり、学校のステージが上がるごとに本を読む冊数が減ってはいるものの（興味関心や行動範囲が広がってくるので、まぁそれはそうだよなぁ、と思わないでもない）、10年、20年という長期的なスパンで見てみると、最近の

ＹＡは以前に比べて「読書離れ」していないことがわかります。

では、大人と比べてみるとどうでしょうか。

「子どもの読書活動の実態とその影響・効果に関する調査研究」では、「読書が好きですか」という問いに「とても好き」「わりと好き」と答えた成人は60・０％なのに対し、中学生は67・０％、高校生は59・７％となっています。また、「１か月あたり何冊くらい本を読みますか」という問いに「１冊」以上を選択した成人は71・８％。同じように「この１か月で本を読みましたか」という問いに「読んだ」と答えた中学生は82・０％、高校生は56・２％となっています。こうした回答を見ても、大人に比べて中高生が特段「読書離れ」しているとは言い難いのです。これって、ＹＡ世代と本を結び付けたいと奮闘している図書館員にとって、とても励みになる結果だと思いませんか。

ところが！です。同調査で「１か月に公共図書館で本を借りた冊数」に０冊と答えた割合は、中学生78・３％、高校生85・２％と高い数値になっています。なぜ中高生の多くは公共図書館で本を借りないのでしょうか。２０１０年の第56回学校読書調査に「どうすれば本を読む児童生徒がもっと増えるか」という問いがありますが、回答の１位が「値段をもっと安くする」となっているにもかかわらず、です。これは、残念ながら図書館側に何らかの原因があると考えてみるのが自然ではないでしょうか。少なくとも、「十代は本を読まないから図書館に来ない」と言い切ってしまうことはできないはず。そもそも思い起こせば、実はたくさんの十代が皆さんの図書館の自習スペースにはよく来ているのではないでしょうか。すると原因は、図書館が十代のニーズにあった本を充分に揃えていないから？　それとも、ＰＲが不足しているから？

次では、いまの十代はどんな本を読んでいるのか？という傾向と、十代のための棚づくりについて考えてみたいと思います。

**参考文献**

毎日新聞社『読書世論調査２０１７年版』２０１７年
国立青少年教育振興機構「子どもの読書活動の実態とその影響・効果に関する調査研究報告書」平成25年２月　http://www.niye.go.jp/kenkyu_houkoku/contents/detail/i/72/

## こんなYA棚をつくりたい

いまの十代はどんな本を読んでいるのか？

これを知るには、先に取り上げた「学校読書調査」がやっぱり役に立ちます。毎年の設問に「5月1か月間に読んだ本」があります。例として、中学2年生男女と高校2年生男女のベスト5を抜粋し表にしてみました。ランクインしている本の傾向としては、話題のベストセラーや、映画化・映像化された本、ライトノベルなど。表紙やタイトルが印象的な本が目立ちます。また、これは個人的に感じていることですが、十代はハードカバーよりも文庫本を好む傾向があります。お近くの図

2016年「5月1カ月間に読んだ本」
（中2および高2の男女別ベスト5）

| 中2（男子） | 中2（女子） |
|---|---|
| 1 映画暗殺教室 | 1 植物図鑑 |
| 2 ぼくらの7日間戦争 | 2 世界から猫が消えたなら |
| 3 世界から猫が消えたなら | 3 学年ビリのギャルが1年で偏差値を40上げて慶応大学に現役合格した話 |
| 3 ソードアート・オンライン① | 4 告白予行練習 恋色に咲け |
| 3 ハリーポッターと炎のゴブレット | 5 告白予行練習 |

| 高2（男子） | 高2（女子） |
|---|---|
| 1 君の膵臓をたべたい | 1 君の膵臓をたべたい |
| 2 ソードアート・オンライン③ | 1 植物図鑑 |
| 3 王様ゲーム　終極 | 3 世界から猫が消えたなら |
| 3 ソードアート・オンライン④ | 4 陽だまりの彼女 |
| 3 火花 | 5 文豪ストレイドックス 太宰治の入社試験 |
| | 5 レインツリーの国 |

「第62回学校読書調査」の結果より

書館のYAコーナーやYA棚と比較していかがでしょうか。十代に人気が高い本を、彼らにうまく紹介することができたらいいですよね。

## 十代に使ってもらえる棚を目指すなら

大原則として、彼らに「読ませたい本」ではなく、彼らが「読みたい（と言うであろう）本」という視点を軸に選ぶことが大事です（だから、YA担当はある1冊の本の購入をめぐって、一般や児童部門の選書担当を説得しなくてはならない場面もしばしばあるかもしれません。十代のニーズは理解を得られにくいことも多いので）。また、やってしまいがちだなぁと思う失敗が、ジュニア向けに刊行されている新書やシリーズもの、読み継がれている名作だけれどやや難解な児童書、ページ数が多めの分厚いファンタジー小説ばかりを並べてしまうこと。あるいは、ライトノベルだけを集めてYA棚としてしまうこと。長年YAサービスに携わってきたある大先輩が言っていました。「これらの本を自ら好んで手にする十代が、クラス30人のうち何人いると思う？」と。本そのものの価値を否定するわけではありませんが、多くの十代が利用したくなる棚をつくるなら、そうした本のみで棚を構成するだけでは難しいと思います。

また、十代にとって「役に立つ本、使える本」という視点も重要だと思います。前作

『ちょっとマニアックな図書館コレクション談義』で高橋将人さんが「中高生の勉強に役立つサービス」について提唱されていますが、私もこの点について強く共感します。十代にはこの世代ならではの関心や課題がたくさんあります。進路や未来の職業のこと。部活動の技術の上達。友人や先輩、親との人間関係。思春期の体と心の変化。恋愛、バイト、趣味……。いわば十代の「課題解決」のための棚づくりという視点です。たとえば、進路や職業といったテーマならば、受験案内や職業ガイドブック、夢を叶えた人の自伝などはもちろん、地域の高校や大学等の学校案内パンフレットを取り寄せて収集し、ファイルに見やすく綴って閲覧できるようにしてみてはいかがでしょう。

ほかにも、先にご紹介した髙橋さんが勤務されている南相馬市立図書館のように、過去の試験問題のデータ（過去問）や受験参考書まで揃えて十代の課題に「役立つ」棚づくりをしている図書館もあります。また、部活動の本ならば、「サッカー部」「吹奏楽部」などの部活ごとにそれぞれ見出しを立てて、一目で見つけられるように工夫するのも親切ですね（これは塩尻市立図書館で実践しているのを見たことがあります）。近年深刻化している「子どもの貧困」という視点からも、すべての十代の切なる課題を解決するための本や情報を備え、アクセスできるように整えておくことは図書館の大事な役割でもあると思います。

さらには、「ゆるい系の本」、思わずぷっと笑ってしまうような力の抜けた本を置くことも意外と大事だと思います。一つ例を挙げると、私が最近、職場のデスクでついニヤついてしまった本が『【至急】塩を止められて困っています【信玄】日本史パロディ 戦国〜江戸時代篇』(スエヒロ 飛鳥新社 2015年)。誰もが知っているだろう有名な歴史ネタを取り上げ、現代風にパロディ化して面白可笑しくいじっている本書。たとえば、「敵に塩を送る」という故事成語で有名な武田信玄の塩止めエピソードについて、もしも戦国時代に「Q&Aサイト」があったなら、信玄はきっとこんな感じの書き込みをしたのではなかろうか?というのを再現しています。表紙もタイトルもインパクトがあるから、棚上に目立つようにフェイスアウトしておけば、試験勉強の合間にうっかり手にとり、思わぬ息抜きをしてくれる人がいそうだなぁ……とほくそ笑んでしまいました。「ゆるい系の本」としては他にも、動物などの写真集、ゆるキャラ、お笑い芸人の本などもおすすめしたいです。

「笑える」と真逆の「泣ける」本も、フィクション、ノンフィクションを問わず、特に女子のニーズが高いです。10年程前に十代女子を中心にブームとなった『恋空』(美嘉 スターツ出版 2006年)をはじめとしたケータイ小説には、いじめ、虐待、失恋、病気、死……といったキーワードが出てきました。今でもこれらのキーワードに関する本や、ドロップアウト、障害、戦争といったシビアなテーマに関心を示す十代は一定数いるように思います。

以上、十代の読書傾向や、選書の視点について、私の感じていることを書いてみました。付け加えるなら、YA棚のキャパシティは限られているので、十代の幅広いニーズのすべてを満たせるとは限らないということと、YA棚に十代向けの本を集めると同時に、一般フロアの膨大な資料群に橋渡しすることをいつも頭の片隅に置いておくということを強調しておきたいと思います。

## 本プラスαの棚づくり

図書館のたくさんある棚の中でも、棚づくりにおいていろいろと遊べるのがYAコーナーではないでしょうか。せっかくYAコーナーをつくるならば、厳選した本の背を見せてぎっしりと並べるだけではもったいない！ 棚づくりの工夫について考えてみたいと思います。

まずは、フェイスアウトを思い切ってたくさん行いたいところです。「面白い本はないかな」となんとなく棚を覗きにくる十代には、本の背よりもなるべく表紙を多く見せてあげたいですね。

また、本の紹介POPなどを棚に展示するのも定番の手法です。効果的なPOPを作るためには、まずはキャッチーな言葉やデザインでパッと目を惹かせて、いかに興味や共感を喚起させられるかが大事です。成功の秘訣は、パソコンではなくあえて手書きで作成することで手作り感を出すことや、十代自身に作ってもらうことではないかと思っています。私の勤務する図書館では、中学生の職場体験メニューにPOP制作の時間を組み込んでいます。そして、「十代にオススメの本」を紹介してもらい、YAコーナーなどに展示しています。十代にとっては、大人よりも同世代のすすめる本に、より興味を惹かれるだろうことは想像に難くありません。

棚を1段か2段ほど抜いてミニ展示をしてみるのも楽しいです。定期的に、時節に沿ったテーマで本を数冊選び、ちょっとした手書きPOPとともに展示してみる。比較的気軽に行えて、棚の鮮度も上がる方法です。

図書館員が、あるいは十代利用者自身がYA向けに作成した広報誌をコーナーや棚に置くことはもちろん、図書館に日々たくさん届くパンフレット類の中から、十代が関心をもちそうなもの……たとえば大学等の公開講座案内や、地域で青少年を対象に催される講座やイベント、いじめや就学相談などに関するパンフレットをピックアップして置いてしまうのもアリだと思います。

また、同じ展示でもちょっぴり遊び心をプラスして、十代の好奇心をくすぐるような「しかけ」を編み出してみるのもＹＡ担当の腕の見せ所。たとえば、かつて十代向けの事業の一環でやってみたのが「覆面本」という本の展示企画です。何やら怪しげなタイトルをあえてつけているわけですが、これは本を1冊ずつ英字新聞でくるんで、上から内容をあらわすキーワードを添付しＹＡ棚に並べるというもので、予想以上の貸出がありました。昨今、全国の図書館で実践され話題になっている「本の福袋」にコンセプトは似ているかもしれません。選書や本の創作を十代自身にお願いしたら、きっと喜んでやってくれる人がいるはず！

そして、いま私自身がやってみたいなぁと目論んでいるのが、十代利用者自身がつくる棚です。たとえばボックス型の小さな本箱のようなものをいくつか用意し、一人一箱を使い、それぞれが思い思いの本をチョイスし装飾して並べます。すると……漫画をきっかけに「文豪」にはまっているあのコなら、純文学の文庫本や渋めの文芸書といっしょに、お気に入りのグッズを並べてくれるかも。ミステリーやホラーが好きなあのコなら、意外な掘り出しモノをピックアップしてきたりして……。そうしていくつかの個性豊かな「本箱」が出来上がり、それらを積み重ねていったら、きっとユニークな本棚になるだろうなぁと想像します。さまざまな工夫を凝らして、彩りのあるＹＡコーナーが増えていくと素敵だなと思います。

## 十代による十代のためのイベント！

近年、各地の図書館では、利用者自らが主体的に参加し、交流し、発信するような魅力的なイベントがたくさん行われています。十代向けに行われているイベントも例外ではなく、たとえば作家を招いた講演会のような一方向的で受動的なものから、より双方向的で能動的なものに方向転換しつつあるように思います。

十代向けにイベントをやるなら、企画から運営まで十代が主体となって行ったほうが絶対に面白いはず。そして、おすすめ本や得意分野の表現を、十代はもちろんさまざまな世代の人に見てもらう場として、あるいは普段同じ地域にあっても学校が異なり交わることがない十代同士が本を介して交流できる場として、図書館を使ってもらいたい。そんな思いを実現すべく行ったのが、現在の勤務館である相模大野図書館で2016年8月9日に開催した「ティーンズ☆フェス2016」（以下、フェス）でした。

概要としては、図書館の集会室を一日限りの「フェス」会場に仕立てて、後述する「読書〝怪〟バトル」や、ブックカバーの手作りコーナー、十代が制作したPOPを展示し一番良いと思ったPOPに投票してもらう「POP大賞」など、さまざまな企画を同時開催しました。そして、それぞれの運営を中高生や、ついこの間まで十代だった大学生に担当してもらいました。このフェスの特色は、近隣にある3つの学校と連携して行ったことです。1校目は、図書館から徒歩圏内にある相模女子大学。司書課程で3・4年生向けに開講されている「図書館基礎特論」という授業と連携し、学生ならではの発想力や企画力を生かして、広報や制作、フェス当日の会場運営を担ってもらいました。

学生の皆さんは、実に真摯な姿勢で本音のアイデアを出してくれました。たとえばイベントの周知ポスターの掲示について。これまでの私の固定観念では、図書館のイベントの周知をする際は、中学校や高校宛てにポスターを数部程度送付するというものでした。図書室などに掲示してくれることを想定して。ところが学生曰く「それでは図書室を利用するごく限られた生徒しか目にしないだろうから、より多くの十代が普段いる場所に掲示をするべき」とのこと。言われてみればそのとおり。というわけで、駅周辺のショッピングモールやコンビニ、カラオケ店などを学生と一緒に回り、掲示の依頼をしました（為せば成るもので、多くの店舗で掲示を快諾してくれました）。また、図書館へと続く商店街の柱16本すべてに、ポスターを学生と一緒に貼り出しました。もちろん、ポスターは学生の手作り。いかにも十代の目を引くような、センスの光るポスターを3種類制作してもらいました。

また、十代に親和性の高いSNSで広報をするべきという提案もしてくれました。学生がツイッターとインスタグラムのフェス専用の独自アカウントを作成し、ポスターなどの制作中の様子や、フェスの開催情報を発信してくれました。

フェスの当日には、司書課程の学生有志5名に本探しゲーム（学生が制作した本のチャートに従い参加者を一般フロアの書架へ誘い、本探し体験を行うもの。本を見つけたらフェス会場へ戻り、参加賞として学生手作りの図書館貸出カードを入れるケースをもらえる）の運営とともに、ブックカバーやしおりの手作り体験コーナーも担当してもらったところ、小学生以下の子どもたちに大人気でした。


さて、フェスで連携した学校の2校目は、こちらも図書館から徒歩圏内の相模原中等教育学校の図書委員会（以下、図書委員）です。連携のそもそものきっかけは数年前に学校司書が団体貸出の登録申込みに来館してくださったこと。その後、ほどなくして学校図書館の見学に伺い情報交換をする中で、同校には読書欲求の高い生徒がとても多いこと、ＰＯＰ制作なども喜んで取り組んでくれるだろう意欲的な生徒がいることを知りました。ならばせっかくの近隣の立地を生かし、図書委員の生徒を中心にPOPを制作し、それぞれの図書館で交換展示を行い、利用者に投票をしてもらおう！という流れで話が進み、POP大賞という企画が生まれました。2年目となる2016年のフェスでは、前年同様に8月の1か月間を展示・投票期間に当てました。同時に、8月9日のフェス当日のみ展示を会場に移すことで、フェス来場者に展示を見てもらうとともに、投票に参加していただくことができました。図書委員の有志はすべてにおいて積極的に手伝ってくれました。

実は、POP大賞を実施する前段階で、POP制作のためのレクチャーを相模原中等教育学校の図書館で行っています。その指導を担当してくれたのが、連携3校目の桜美林大学図書館読書運動プロジェクト（以下、読プロ）の大学生です。連携のきっかけは、大学生インターンシップで相模大野図書館に来てくれた学生が読プロのメンバーだったこと。読プロは桜美林大学の読書推進サークルで、大学図書館の「読プロ本棚」運営や、読書会やビブリオバトル、大学生協書籍売場づくり、他大学読書サークルとの交流など、本にまつわるさまざまな経験を積んできている百戦錬磨の学生たちが所属しています。もちろんPOP制作もお手のもの。というわけで、図書委員の生徒たちにPOP制作のコツを指南してもらいました。

他にも、読プロにはフェス当日の目玉である読書〝怪〟バトル（おすすめの怖い本をひとり3

分で紹介し、観覧者の多数決により一番〝怖くなった本〟を決定するビブリオバトル風のイベント）の企画・制作や、当日の司会進行（盛り上げが抜群に上手い！）を担当してもらいました。読書〝怪〟バトルではローティーンからハイティーンまで11名が出場者として名乗りを上げ、それぞれの思いを込めておすすめ本を紹介してくれました。

以上、「ティーンズ☆フェス２０１６」と学生の関わりについて紹介しました。まだまだ課題はあるものの、最初に企図したとおり、十代が主体となった企画や運営を実現することができました。また、フェス当日には所属の異なる学生同士が会話を交わしている場面も見受けられ、そうした〝場〟として図書館を生かせたことを嬉しく思いました。フェスの準備を進める中で、ある物事についてどう考えるのか、図書館にどんなことを期待しているのか、図書館の中で接しているだけでは知ることができない十代に触れることができました。その多くの貴重な情報から、これまで以上に深い読書ニーズを見つけ出し、選書にどう生かしていくか——。正直まだ〝これです〟と言えるような形にはなっていません。けれど、私の中に取り込まれたそれらは、折々に表出するのだと信じています。本来の学業や多忙な日常と同時進行でフェスに向けての作業を担ってくれた学生には心から感謝しています。

「十代は図書館の本を読まないからサービスをしなくていい」のではなく、「図書館が十代のニーズに見合ったサービスをしていないから来ない」のだ、というスタンスでいることができるかどうかが大事だと思っています。十代のニーズを知るためには、待っているだけでは足りません。図書館の外に出る。趣向を凝らしたイベントをやってみる。そこで知り得たニーズを棚づくりにフィードバックさせる。そうした循環が大切です。日本の図書館におけるＹＡサービスは、まだまだ成長途中です。その分、発展の余地があり、さまざまなことに挑戦できる可能性の高い分野でもあると確信しています。日本中の図書館でわくわくするＹＡサービスが展開されることを願っています。

## 高橋　真太郎

たかはし・しんたろう

鳥取県立図書館勤務。1979年香川県生まれ。幼いころは図書館で図鑑を眺めるのが大好きだったが、小学3年生で文字を読むことが苦手だと気づき、まったく本を読まなくなる。しかし、高校時代の体験学習で再会した図書館の「自由な雰囲気」に心を惹かれ、そこで出会った一人の司書からの「図書館情報大学（現筑波大学）に行きなさい」という一言で、司書になることを決意する。大学を卒業後、司書として働き始めてから、図書館コレクションの奥深さに魅了される毎日を送っている。ふとんの中で二人の息子に本を読むのが楽しみ。

# 図書館の特別コレクション

## 鳥取だけに「鳥」の本

鳥取県立図書館に入ってすぐの階段を上がると「郷土資料室」があります。その入口に人目を引く大きな本が飾られています。子どもの背丈ほどあるその本の横に立つと、さながら「不思議の国のアリス」になったよう。アメリカの画家であり鳥類学者であるジョン・ジェームズ・オーデュボンによって書かれた『Birds of America』(Abbeville Press, 1985)という本です。旧館から移転開館した際に、当時の県議会議長さんからお祝いにといただいたものです。鳥はカラーで原寸大に描かれていて、迫力があり、来館者に人気です。実はこの本は、当館がもっている「鳥コレクション」の看板ともなっている本です。

「鳥コレクション」とは、鳥取県立図書館が、県名の「鳥」にちなんで「鳥」に関する本を収集しているもの。しかし、「鳥」といってもすべての鳥ではなく「野鳥」を対象としています。鳥取県の県鳥である「おしどり」や冬にロシアからわたってくる「白鳥」、川辺で見ることのできる「かわせみ」、そして「ふくろう」の本も人気です。「家禽」は収集の対象ではないため、

「鶏」や「七面鳥」などはコレクションに入っていません。最近、「鳥の図鑑」を執筆したいという人が来館されたときに、このコーナーを紹介すると宝島を見つけたかのごとく喜ばれました。

県立図書館に勤務し始めた頃は、「県名から取ったダジャレのようなテーマで本を集めるなんて……」と思っていましたが、鳥についての資料調査を依頼されることも多く、今では自然が多く残る鳥取県にふさわしいコレクションだと大きな声で言えます。

さて、この「鳥コレクション」。棚にある本を使った利用者の方が、コレクションに加わる新しい資料を作ってくださるという出来事がありました。ここで、「書く」ではなく「作る」と言ったのは、その新しい資料が本や雑誌ではないからなのです。

いつもカウンターに立ち寄ってくださる宮本博己さんは、木彫りの鳥や動物を作る彫刻家です。宮本さん曰く、「立体の鳥や動物を彫るためには、その360度の姿を見る必要があり、図書館の本がとても役に立つ」ということでした。そんな宮本さんは、創作にあたり、この鳥コレクションにあるさまざまな図鑑や写真集、スケッチなどを活用されました。宮本さんの手によって生み出された鳥たちは、まさに「図書館の本から生まれた鳥たち」なのです。

そうこうするうちにカウンターでの会話が弾み、「作品を図書館で展示してみようか」ということになりました。2016年11月に、「立体動物」というタイトルで宮本さんの作品を展示しました。好評を博したその展示の後、宮本さんが、展示した鳥の彫刻40点あまりを当館に寄贈してくださり、その鳥たちも「鳥コレクション」として収蔵されることになりました。図書館の本を使って生まれた鳥たちが、図書館に舞い戻って来てコレクションに加わるなんて素敵ですよね。児童図書室に飾られた大きな「しゃも」は子ども達の人気者です。

## 全国の図書館にある特別コレクション

鳥取県立図書館では、「鳥コレクション」と共に地元の伝統産業である「和紙」に関する「紙コレクション」をもっていますが、全国の図書館にもさまざまな「特別コレクション」があります。たとえば鳥取県の南に隣接する岡山県の県立図書館では、岡山県が交通の要衝であるということから「交通文化資料」をコレクションしていますし、神奈川県立川崎図書館は全国の社史を集めた「社史室」をもっています。多くのワイナリーがある長野県塩尻市の図書館は「ワイン」に関するコレクションを、そして岐阜市の図書館は地場産業である服飾産業を応援すべく「ファッションライブラリー」をもっています。それぞれの図書館が、地域の特性や産業に関連したコレクションをつくっているわけです。

このように、各自治体で特別な意味をもつコレクションですが、実は各館の利用者に留まらず全国各地で活用されています。それを可能にしているのが、図書館資料の相互利用です（自館にない資料を利用者に要望された場合、他館から借りるサービス、これを「相互貸借」といいます）。それぞれの図書館がもつ特別コレクションには専門性の高いものや歴史的に価値があるもの、日本では入手困難な洋書なども含まれており、「日本中でもその館しかもっていない」という資料も少なくありません。そういった地域の実情に合わせてそれぞれの図書館が集めた本が、「相互貸借」という制度を通じて、国全体のコレクションを充実させることにつながっているともいえます。

この特別コレクション。国立国会図書館が運営する「レファレンス協同データベース」内で「全国特殊コレクションリスト」が公開されています。どんなめずらしい（マニアックな?）コレクションがあるか、興味のある方はぜひのぞいてみてください。

# 図書館で一番〝貴重〟な資料は何?

## その本は売っていません

「図書館で一番〝貴重〟な資料は何?」と、図書館案内ツアーの参加者にたずねられたことがあります（一冊数万円するビジネス書を紹介したときのことでした）。一概に「貴重」といっても、その価値観は人それぞれで違いますし、同じ人でも、その人が置かれている状況によって異なります。そのとき、私の口からとっさに出た回答は、「一般に売られていない寄贈資料や、図書館員がまちで見つけてくる無料配布のパンフレットやリーフレット」というものでした。

毎日のように図書館の利用を人に勧めていますが、そんなとき「本は買う主義だから図書館には行かない」という人が結構います。しかし、世の中には販売されていない本もたくさんあるのです。

たとえば「○○会社何年史」などという社史。記念式典などで配られることも多いのですが、図書館に寄贈されることがよくあります。私が働く鳥取県立図書館を例にあげると、地元にゆかりのある企業が発行した『日ノ丸自動車八十年史』（日ノ丸自動車　2012年）や『キリン

ビールの歴史　新戦後編』（キリンビール　1999年）、すこし変わったところでは『後楽園の25年』（後楽園スタヂアム　1963年）など多くの社史を所蔵しています。その他にも、各業界の団体が発行する業界紙・誌があります。団体の会員や企業向けに作成されるもので、一般の書店等では取り扱っていないものも多くあります。これも、当館に所蔵のあるものをあげると『菓子工業新聞』（全国菓子工業組合連合会）、『Coffee Break』（全日本コーヒー協会）、『真空ジャーナル』（日本真空工業会）、『りんごニュース』（青森県りんご協会）など多様です。各業界と取引を考えている人やその業界への新規参入を考えている人、学生、研究者などに利用されています。この業界誌のなかで『香料』（日本香料協会）というちょっと変わった雑誌がありま す。内容はとても専門的ですが、なんと！　この雑誌には「香り」がついているのです。

さらには、行政が発行する「統計資料」や、自治体や団体が発行する「観光ガイド」、「NPOの報告書」なども一般的には流通しない資料です。こういった資料は書店には並ばず、お金を出しても買えないもの、個人で譲ってほしいといっても作成部数が少ないのでもらえないものもあります。

このように流通していない資料にはさまざまな背景があり、印刷部数も多かったり少なかったりしますが、多くは、読んでもらいたい対象者や関係者分に加え、もう少し幅広い人に見てもらいたいといくらか多めに刷っているようです。そんなとき、資料の寄贈先として登場するのが図書館です。図書館であれば、ふさわしい管理や保存をしますし、なにより誰もが利用できるからです。

### 本を集める舞台裏

それでは、図書館に行けばどんな寄贈資料にでも出合えるのかというと、そんなことはありません。全国の公共図書館は約3000館あります。それだけの部数を作成・発送するには費用も人手もかかります。そこで出てくるのが「各都道府県に1冊」という考え方です。そういった意味では都道府県立図書館に寄贈資料が多く集まっているといえます。

私が個人的に好きな寄贈資料は、広島県が2014年に発行した観光ガイドブック『泣ける！　広島県』です。同県出身のテクノポップユニット「Ｐｅｒｆｕｍｅ」を起用した豪華なガイドブックで、配布と同時に話題になり、全国から同県に問い合わせが殺到したそうです。もちろん在庫は瞬時になくなったとか。そんななか、広島県はこの『泣ける！　広島県』を各都道府県立図書館と国立国会図書館に寄贈しました。今ではもう手に入れることはできませんが、各都道府県立図書館に行けば見ることができるというわけです。

しかし、こういった一般に流通しない資料が自然に図書館に集まるのかというと、そんなことはありません。図書館が必要とする資料を集めるためには、図書館側から働きかける、出かけていって収集するといった努力も必要です。私の働く鳥取県立図書館では、出張中に立ち寄った「道の駅」などでパンフレットを収集してくること、という不文律があります。また、地元新聞などに、県内の学会の報告書や行政の冊子が発行されたというニュースが載ると、郷土資料課がすぐさま連絡をし、寄贈してもらえるように調整します。資料を購入するだけでなく、広く「集める」という職員の熱意が図書館のコレクションを充実させているのです。

全国の図書館には戦前・戦中の古い教科書をもっているところも多くありますが、これらもほとんどが寄贈されたものです。古い教科書は、研究者や学校の先生、当時その教科書を使っていた方などに重宝されていますが、発行された当時は誰も特別には思っていなかったことでしょう。このように、そのときには価値がないと思われるものも、後になって希少になり「図書館が保存していてくれてよかった」と言われる資料も多くあります。

私は、地域で暮らすなかで、まわりの人に「図書館で働いています」と声を大にして言うようにしています。それは、自分の近所に住む人にこそ図書館を利用してほしいと思っているからです。海浜清掃、春祭り、消防団、ＰＴＡ、子どもの通うフットサルクラブ、ことあるごとに話題に関係する本を宣伝します。そうするなかで、地元から片道30分以上もかけて県立図書館に足を運んでくださる方が増え、とうとう私に「図書館」というあだ名がつけられるまでになりました。こんな笑い話が、思わぬ副産物を生み出しました。その舞台は地域の廃品回収です。

廃品回収で、古い本や貴重そうな本が出されていると、私や妻（彼女も図書館司書です）が呼ばれるようになりました。そこに駆け付けると、漫画や雑誌に交じって古そうな本が無造作に積み上げられています。和装本や戦前の教科書、歴史資料、郷土出版物など……。何箱ももらって図書館に持っていくこともしばしばです。

個人の「蔵」などから出てきたこのような資料は、図書館で燻蒸・修繕・整備されてコレクションに仲間入りをします。約２００軒の家がある私の住む地域でさえ、廃品回収のたびにたくさんの本が出てくるのですから、日本中の家にはどのくらいの本が眠っているのか想像もつきません。しかも、そこには貴重な〝お宝本〟が数多く含まれているはず。廃棄されようとしているその本を、どう救出するのか、どう次の世代に伝えていくのかということも、地域にある図書館の考えるべき課題だと思っています。

一般的に、販売されている本に比べて、寄贈資料に目を向ける人は多くはありません。寄贈資料に注目して活用すると、他の人が知らないようなマニアックかつ有益な情報を得ることができ、仕事や生活のうえでもきっとプラスになる発見があるはずです。図書館はチャンスの宝庫です。今度、お近くの図書館で、ぜひ「寄贈資料」を探してみてください。

## 図書館と書店と住民の幸せな関係

みなさんは書店のあるまちとないまちのどちらに住みたいですか。

ほとんどの人は書店のあるまちに住みたいと思うのではないでしょうか。私も書店が大好きで、100万冊の本をもつ図書館で働いていても、休日にはよく書店に行って本を買います。音楽雑誌や漫画、趣味の本などには図書館に置いていない本もたくさんあります。しかし今日、インターネットや大手通販サイトの出現などにより売上が激減し、厳しい経営を迫られています。そんなまちの書店を守るために図書館にできることがあるのをご存じでしょうか。それは、図書館が地元書店から本を購入することです。

図書館が書店から本を買うことで、その経営が安定することは想像に難くないと思いますが、そこには、図書館にとっても、住民にとっても大きなメリットがあります。

鳥取県立図書館では毎年約1億円分の本を地元の書店から購入しています。鳥取県書店商業組合に加盟しているすべての書店に、図書館への本の販売を依頼します。そこで手を挙げてくださった書店に、図書館へ各書店が選んだ本を持ってきてもらいます（これを図書館用語で

「見計らい」といいます）。ここに図書館にとってのメリットがあります。本を持ってきてもらうことで、実際に本をめくりながら丁寧に選書をすることができます。くわえて、本を持ってくる書店員さんからも多くのことが学べます。あるときには、国語辞典・漢和辞典のプロフェッショナルと自負する書店員さんから各辞典の細かな違いを教えてもらい、あるときには、各店舗の売り上げランキングを教えてもらい、またあるときには、次にブレイクしそうな地元の新しい漫画家や作家を教えてもらうというふうに、そのやり取りは楽しいだけではなく、貴重な情報として図書館のコレクションづくりにも欠かせません。

書店員さんも商売ですから、隙あらば図書館員にも本を買うよう勧めてきます。私も、営業トークに乗せられて、漫画や図鑑などをたびたび買ってしまいますが、私と妻が同じ日に同じ本を買って帰ったという笑い話もありました。

逆に、書店員さんからは、「図書館で本を購入してもらえることで、より幅広い分野の本を仕入れることができ、それが書店の棚の魅力アップにもつながっている」と教えてもらったこともあります。

また、地域に「図書館」と「書店」の両方があり、共存しているということは、そこに「住む人」にとっても、直接手に取って触れられる本が増えるだけでなく、その一方だけがある場合に比べて、本を「買う」こともでき、「借りる」こともできるというふうに、本をどう楽しむか、その選択肢が増えることを意味します。このことが本に興味をもつ人を増やし、ひいては、「図書館」や「書店」の利用者増にもつながるのです。

このような三者の「幸せな関係」が好循環することが地域文化の豊かさにもつながっているということを、図書館員として忘れないでいたいと思います。

## まちじゅうが図書館？

### 本は図書館の専売特許じゃない

「書店」と「図書館」の共存について話をしましたが、ここでは、それをもう一歩広げて、私たちが地域のなかで本に出合うことのできるさまざまな場所について考えてみたいと思います。

資料相談でこんな出来事がありました。ある方が急ぎの仕事で本を探しに来館されたのですが、その本はあいにく貸出中でした。県内の他図書館の蔵書を探したところ、いくつか所蔵している館はあったのですが、残念ながらそちらも貸出中でした。そこで思いついたのが、県内の書店の在庫を調べることでした。インターネットで在庫を検索できる書店を調べたところ、当館からほど近い書店に1冊の在庫があるとわかり、その方はすぐに書店に行き本を購入されました。

このときの経験から気付いたことは、利用者は「自分が必要とする資料を探している」のであって、必ずしも「図書館の本を利用したいのではない」ということ、そして、「必要な本が図書館以外の場所にもあるかもしれない」ということです。それ以来、図書館の本だけではなく、図書館以外の場所にある本についても意識するようになりました。

## 「まちじゅうが図書館」を目指して

ではここで、「本がある場所」について少し広く考えてみましょう。私が働いているのは鳥取県の県立図書館ですが、地域の図書館には、それ以外にも市町村立図書館、小・中学校や高等学校にある学校図書館、大学の附属図書館、病院の中にある病院図書館などがあります。保育所や幼稚園にも本のコーナーがありますし、研究所や専門機関が公開している専門図書館もあります。その他にも、鳥取市の「リトル・フリー・ライブラリー」と呼ばれるバス停に備え付けられた小さな本箱や、日野町の「よらいや図書館」、鳥取市の「まちライブラリー@とっとり駅」など市町村立図書館が地域の店舗や団体と協力して館外に本を置いている場所なども あります。また、家庭文庫のように個人が子どもたちのために本を提供している場所もあります。このような場所では（条件などもありますが）本を無料で読んだり借りたりすることができます。

そして、有料ではありますが、私たちが利用することのできる「本のある場所」はまだまだあります。鳥取市にあるブックカフェでは、コーヒーを一杯飲むだけで地元の人が勧める本や漫画を楽しむことができます。またゲストハウスなど若者が多く集まる場所にも本棚が備え付けられることが増えてきました。古書店では、図書館でももっていない絶版本を手に入れることができるかもしれません。こう見ていくと、図書館だけではなく地域全体の「本のある場所」を幅広く活用したほうが、より充実した本との出合いにつながることは明らかです。図書館があり、書店があり、ブックカフェがあり、住み開きをした（自宅などのプライベートな空間を開放した）私設文庫がありと、地域の人が利用できる「本のある場所」は幅広く、そして多様なものなのです。

私たち図書館員も、「図書館」だけではなく、広く地域全体の視点で「本のある場所」がどこにあるのかをイメージできれば、提案できる選択肢がぐんと広がると思います。そして何より、図書館としても、このような「本のある場所」を営む仲間と一緒に活動した方が、そのコレクションの価値が高まり、何より楽しいはずです。

同じ志をもつ仲間と手をつなぎ、文化の振興や、本に親しむための場所づくりに励む！　目指すは「まちじゅうが図書館」になること！　想像するだけでもワクワクします。

# 本当に役立つその一冊を

## 似て非なる二つの図書館

地域にあって住民の誰もが利用できる公共図書館。この公共図書館には、大きく2種類があり、ひとつが市区町村の運営する「市区町村立図書館」で、もうひとつが都道府県の運営する「都道府県立図書館」です。一見同じように本が並ぶ公共図書館ですが、両者は似て非なるものです。

一般的に、市区町村立図書館は、私たちの身近な存在として、日常に寄り添う本やサービスを提供する図書館です。それに対して、都道府県立図書館は、県庁所在地にあることが多く、学術調査や専門的な調べものを積極的に受け付ける図書館です。両者は、その特徴を生かして相互に連携をしています。たとえば、身近な市区町村立図書館が地元住民のニーズを把握して、県立図書館から必要な本を取り寄せ、提供します。両者で協力しながら利用者の資料相談に応じたりもします。その関係は、住民の身近で親しまれる「町の診療所」と専門的な医療設備のある「総合病院」との関係に例えることができるかもしれません。

この本のテーマである「コレクション」についていえば、県立図書館は市区町村立図書館に比べて、より「専門的な」内容の本を購入しています。「発行部数の少ない専門書」「主に図書館を市場として出版された高価な本」などです。県立図書館では、県全域を対象としたときに（借りられる回数は少ないながらも）ニーズがあるような専門的な本を購入しているのです。

では、具体的にどのようにちがうのでしょうか。私の住む地域にある鳥取市立気高図書館と、県立図書館の「料理の本」を例にとって、比較してみましょう。

気高図書館の棚を眺めていると『クックパッドのおいしい厳選！　鍋レシピ』（クックパッド株式会社監修　新星出版社　２０１６年）、『働くママの時短ごはん』（武蔵裕子　女子栄養大学出版部　２０１６年）、『使えるたまごレシピ』（野崎洋光ほか　柴田書店　２０１６年）などのタイトルが見えます。

一方、県立図書館の棚には『プロのための肉料理大事典　牛・豚・鳥からジビエまで３００のレシピと技術を解説』（誠文堂新光社　２０１６年）、英語で書かれた『Japanese homestyle cooking』（Susie Donald, Tuttle Publishing, 2014）、『銀座スタア・バー岸久のモヒート50 glasses』（岸久　講談社　２０１６年）などの専門性の高い本も並んでいます。

気高図書館にある本は、多くが、今晩の夕食の献立を考えるのにも使えそうな、一般家庭の日常で大活躍する本です。一方、県立図書館の本は、ジビエの普及を通じて地域振興を考えている人や日本で暮らしている外国人の方、飲食店のドリンクメニューを考える人など、専門的な、あるいは特定の目的をもった人に役立つ本です。

## 使われてはじめて、それがコレクション

では、県立図書館の専門的な本のコレクションが社会の中で果たす役割とは何でしょうか。私が考えるその答えは「誰かが夢へと向かう一歩を応援すること」です。ここでは、私がカウンターで受けた資料相談の例を挙げながら、なぜそう考えるようになったかをお話したいと思います。次のような相談が、日々資料相談カウンターに寄せられています。


「梨の皮や種などの廃棄する部分の栄養成分を調べて活用につなげたい」

「郷土に伝わる菓子を土産物として復活させたい。レシピを探している」

「ゲストハウスを始めたいので資金調達の方法と関係法令を調べてほしい」

「議会の質問に使うためのヨーロッパの先進事例について調査してもらいたい」

「家族のがん治療を支えるために、症状や治療法について書かれた本を読みたい」


相談の内容は多種多様。新しく何かを始めたい、自分が直面している課題を解決したい……。

動機は人それぞれですが、すべてに共通しているのは、何かを「知りたい」というポジティブな気持ちです。図書館は本来、そういった「知りたい」という気持ちが集まる場所であり、その気持ちを支えるのが図書館のコレクションです。現代は「インターネット時代」といわれますが、インターネットを活用する人でも、図書館に来館し、調べものをする人はたくさんいます。

コレクションづくりの大切さを私に教えてくれた、ある利用者のエピソードを紹介します。

## 街の中に溶け込む図書館の本

その利用者とは、鳥取市中心市街地活性化協議会タウンマネージャーの成清仁士さん。あるとき、「「まち歩き」のイベントを開催したい」と、カウンターを訪れました。「まち歩き」とは、みんなでワイワイと街中を歩き、その場所やそこにあるお店などの魅力を再発見する取り組みです。そんな成清さんから受けた相談は次の4つでした。①小学校の社会学習や教育旅行について書かれた資料を探している、②昔の街の地図や写真を見たい、③街のくらしの歴史がまとめられたビジュアル中心の資料を探してほしい、④災害の歴史について調べたい。

子どもたちにもたくさん参加してほしいと考えた彼は、はじめに、小学校の生活科の授業について書かれた『新教科誕生の軌跡　生活科の形成過程に関する研究』（吉富芳正・田村学　東洋館出版社　2014年）と雑誌『教育旅行』（日本修学旅行協会）を読み、次に歴史的なストーリーを組み立てたいと『新しい鳥取市街地図』（山陰宣伝商社刊行部　1953年）といった古い地図を、昔ながらの店舗や人の生活を参加者に紹介する参考にと『昭和に学ぶエコ生活　日本らしさにヒントを探る』（市橋芳則　河出書房新社　2008年）など、その内容を次々に吸収していきました。また、鳥取の街づくりに大きな影響を与えた鳥取大火についてより深く理解するためにと、防災と街づくりについて書かれた学術論文にも目を通されました。

これらの資料から知識を得た成清さんが企画した「まち歩き」は、幅広い年齢層の人が参加し、評判となりました。曰く「大学を卒業して大学図書館を利用できなくなった今、さまざまな資料にアクセスできる街の図書館の存在がとてもありがたい」。

「街を元気にする」といえば簡単に聞こえますが、そのためには、街の歴史やそこに住む人を知る必要があります。また、さまざまな分野の人とコミュニケーションをとり連携を図るためには予備知識や専門知識を必要としますし、行政の動きや国内外の先進事例に精通することも大切です。成清さんは、そのような情報やアイデアを得るために図書館を活用されています。「まち歩き」後も、彼の企画は次々に実現しています。その成果を街中で見るたびに、図書館の本が地域の活性化に役立ったこと、それはあたかも本が街に溶け込んでいるかのように思えるのです。

## その一冊をもっているか

このように、利用者が、夢の実現などに向けて本を活用する場面に立ち会うと、図書館のコレクションづくりがいかに重要かを痛感します。県立図書館の専門的な、多様なコレクションの役割は、利用者が追い求める「その一冊」を確実にもっていることだと思います。

図書館には人の人生を左右するような相談もたくさん寄せられ、運命的な本との出会いもあります。相談を受ける私も「図書館にこの人が求める一冊があるのだろうか」と思ってしまうこともあります。しかし、利用者の求める「その一冊」、誰かと出会うために書かれた「その一冊」が世の中には必ずあるのだと私は思います。あとは、「その一冊」を図書館が所蔵しているかどうかということです。これこそがコレクションづくりの醍醐味です。

## 読書と調べものは相反するものなのか

紹介した以外にも、相談事例はさまざまありますが、それでも大部分の人が抱いている本や図書館の活用のイメージは、まだまだ「調べもの」ではなく「読書」だと感じています。いわゆる文学や小説などの「読みもの」を読むことです。もちろん「読書」は、これまで図書館が長年大切にしてきた歴史があり、これからも図書館が推進していくべき分野です。しかし、カウンターで出会う利用者のみなさんが、「本」の活用の可能性はもっと多様なのだと教えてくれます。新しいものを発明して特許を取りたいと制度について調べる人、クラス運営についての本を探す学校の先生、「イクジイ」を目指して育児書を読む男性、キューバに行くためのガイドブックを探している人や自己研鑽のために看護研究に挑む看護師さんも図書館に来られます。

図書館は誰もがどんなニーズをもって来館してもよい場所です。そう考えると、図書館はより幅広いコレクションをもち、多様な人に利用してもらえる場所であらねばと思います。

こういった話をするときに、図書館界では、「物語や小説」VS「実用書」という構図を考えがちです。これまで大切にしてきたのが「読書」で、これから大切なのは「調べもの」という考えです。でも、この考えは間違っていると私は思います。小説であろうと、実用書であろうと、研究書であろうと、その本が必要としている人に届いたとき、かけがえのない力を発揮します。大切なことは、利用者の必要とする本が、そのとき、図書館にあるかどうかということです。それには、来館する人だけでなく、広くその地域に住む人のニーズを感じ取りコレクションづくりに反映できるかにかかっています。常に住民目線の考えをもち、本の力を信じてコレクションづくりができれば、図書館の利用はもっと増えるでしょうし、より幅広い方から愛される図書館になれると思います。

## 図書館のコレクションづくりに参加する方法

みなさんにも、図書館のコレクションづくりに参加する方法があります。それは「リクエスト」という、図書館に対して「こんな本を買ってほしい」という要望を出すことのできる仕組みです。ほとんどの図書館で実施していますが、多様なリクエストがコレクションづくりのうえで、斬新な発想をもたらし、図書館のコレクションが充実するきっかけになります。

このリクエストサービスにも、さまざまなドラマが隠されています。「モーニング娘。」や「AKB48」など、あこがれるアイドルの本を買ってほしいと小学生が申込用紙を大事そうに持ってきてくれたり、新聞に掲載された本の広告欄を見て毎日のように政治や経済関係の本をリクエストされる方がいたり、『釣用品の国内需要動向調査報告書』（日本釣用品工業会）や『果汁関係資料』（日本果汁協会）など、私たちが耳にしたこともないものすごく専門的な本へのリクエストが寄せられたりと、そのニーズや背景は多様です。そのうえで「必ず読みたい」「早く読みたい」という要望を最大限に考慮しながら、コレクションのバランスや予算を考え、購入する本を選んでいく仕事はとてもやりがいがあり楽しいものです。

「リクエストを出すなんて恥ずかしい」と思われる方もいるかもしれません。しかし、私の経験からいうと、図書館員は「どんな本に」リクエストが来たかということは興味があっても、「誰が」そのリクエストを出したのかということには興味をもっていないように思えます。時には、自分の好きな音楽や趣味についての本へのリクエストカードを受け付け、思わず「おぉ！」と思って顔を見てしまうこともありますが……。

コレクションづくりにおいて、何よりも大切なのは、幅広い人のニーズが反映されること。その一翼を担う現在のリクエストサービスはまだまだ浸透しているとは言い難いものです。もし、みなさんも自分が読みたい本で図書館にないものがあれば、ちょっと勇気を出してリクエストしてみてください。その一冊が図書館のコレクションをより充実させることになります。

千邑 淳子

ちむら・じゅんこ

大学図書館での仕事は通算十数年。異名はロージィ。新日本プロレスの棚橋弘至と同じさそり座。「たまごかけごはんの日」に生まれる。自宅の仕事部屋にある書棚には食べ物（お酒を含む）と旅行に関する本が圧倒的に多い。現在、子どもが本と出会うことも人生での大切な出会いと信じ、Kiki.s.microlibraryで絵本を通した活動に熱中。本の伝達師、子ども司書を世の中に広めることが夢。LCOプランニング株式会社代表。ホームページ https://www.kikismicrolibrary.com/

## ビブリオ・キッチン・スタジオ

### 美人を作るスタジオ

命ある限り、恋せよ、乙女！　恋は美の秘訣。大切なことはよく食べること。「美は食。食は愛」と書かれたガラス扉のその向こうでは、立ち姿も美しい女性が大勢の若い女性に料理を教えているのが見えます。

「美人なんてものは食べるもので作られていくんです。生まれつきのものを大切に。そして美と健康を維持していくのは大変ではないのよ。楽しいこと」という彼女は、本当にまばゆいばかりのオーラを放つ美人。ここは「ビブリオ・キッチン・スタジオ」。管理栄養士であり、フードコーディネーターでもあるこのスタジオの主宰者は大学図書館司書。いろんなスタジオプログラムを企画・運営しています。そう、今、スタジオで進行中のプログラムは、来年成人式を迎える女子学生用のプログラム。栄養学に基づいてはいるものの、流行のスムージーやスーパーフードも取り入れて、若い女性がわくわくするようなレシピに取り組んでいる真っ最中です。その様子はといえば、成分表とレシピを書き入れるノートを各自、手に持ち、メモしてはエプロンのポケットにしまい、野菜を刻み、そしてまたメモを取り、とキビキビとしたもの。

共同の棚には、病気別に対応したレシピ、日本食を中心にさまざまな国の料理の本、盛付けの本などがすぐ手に取れるように置かれています。料理道具と本がこのキッチンの棚の中に程よいバランスで混在しています。このスタジオで使う本は、図書館の閲覧フロアでなく、スタジオ内の棚で管理しています。

どうやら、食べ物や飲み物は厳禁！という図書館がほとんどの中で、ビブリオ・キッチン・スタジオでは、図書館施設のひとつであるのにかかわらず、濡れた手、食材に触れた手で本に触り、利用することが許されているようです。それどころか、どんどん使うことで本の価値が上がると言わんばかりです。

「さぁ、カルシウムやたんぱく質を意識してバランス良く、美味しく食べましょう。振袖が似合う体幹のしっかりした身体と潤いのある肌や髪をつくっていきましょうね」

彼女の明るい声にみんなの目はキラキラしています。ウェブで配信もされるこのプログラムの様子への一日のアクセス数は一万超と人気です。しかし、ここでリアルに、成分表の見方、レシピの書き方、包丁さばき、香ばしい匂い、盛り付けの作法などを体験するのにはまったく敵いません。

このオーラ美人の仕事ぶりに憧れ、その豊富な食の知識と経験、人を引き付けるオーラに吸い寄せられるようにスタジオプログラムはいつも満員御礼です。

このスタジオプログラムで作られた料理は、きょうのような天気の良い日には図書館から緑豊かなガーデンが眺められるオープンテラスの「ビブリオ・ジャルダン」へ運ばれ、振る舞われます。そこは、他の講義に出席していてスタジオプログラムが受けられなかった女子学生やおなかを空かせた男子学生が「待ってました」とばかりにわいわいと集まり、まるで青空合コン状態になっています。緑に囲まれ、仲間が作ったものをみんなで食べる、おしゃべりをする、それはなんて楽しいのでしょう。

あいにくの雨や寒い季節には、スタジオがそのまま食堂になります。これもまた人気のある食事スタイルです。なぜなら、オーラ美人の彼女が、管理栄養士になるために勉強に励み、大学卒業後には病院で糖尿病患者の献立やダイエットメニューを考え、人を明るく幸せにしたことや、その経験を基にフードコーディネーターとして映画の撮影に関わったことなど、食事の間に聞けるチャンスだからです。

雨だったきのうのスタジオ。江戸時代のこととなると、さすがの彼女も専門外。有名な江戸時代に通暁した歴史学者に時代考証を受けながら、撮影スタッフと試行錯誤した下級武士の食卓のワンシーンのエピソードなどを話しながら、「そこのモニターに、国立国会図書館のデジタルコレクションから「もりさだまんこう」で検索して、画像を開いてちょうだい」と学生に頼むと、画面になにやら古そうな資料。読めないいくにゃくにゃした文字が現れます。「ええっ、これ何ですか？」「関係ないじゃん料理には！」と学生が不服そうな声を出しても沈着冷静に、「江戸時代の風俗が書かれた貴重な本よ。閲覧室には岩波文庫でもあるから、スタジオから出たら行ってごらんなさい」と興味を次へと繋げ、棚を指さすのです。「専門分野外のことこそ、しっかり学ぶべきなのよ」と参考にした文献をさりげなくスタジオの書棚から取り出し、広げたのは『守貞漫稿』（喜多川守貞著　朝倉治彦編　東京堂出版　１９７３年）。「あっ、これが、あれですか」とモニターと本を見比べる学生。

こんな具合だから、皆なるべく彼女の傍に座って、もっと話を聞こうと席の取り合いです。食に関わる仕事は人の命に関わることであり、クリエイティブな作業でもあること。このスタジオには、それをリアルに伝える要素がたくさんあります。

## 管理栄養士になる

スタジオプログラムの人気も上々ですが、スタジオから見える閲覧室も大盛況です。管理栄養士になろうと国家試験に向けて勉強に励む学生の姿が席を埋めています。その閲覧室にもしっかりと本が並べられ、手に取る人、借りる人、机に向かってページをめくる人、とさまざまです。

その閲覧室の棚に並ぶ本は、大学図書館司書でもあるオーラ美人の彼女が、出版されるあまたの本の中から選んだラインナップ。親切すぎもせず、かといって決まりきったルールの日本十進分類法（本の内容によって0から9の数字を使い、大きく10のテーマにグループ分けをするもので、日本の多くの図書館で採用されています）に沿って並べるのでもない、個性ある棚づくりです。もちろん、大勢の学生が目指す管理栄養士の試験対策本「エキスパート管理栄養士養成シリーズ」（化学同人）はサンプルとして一番新しいものがいつも置いてあります。サンプルという言い方は少しわかりにくいので、きちんと説明しますね。図書館には閲覧したり、コピーをとったりすることはできても、貸出できない本があります。これは「禁帯出」といって、「館内で見てくださいね、図書館に常に備え、必要とする多くの人に使ってほしいから」というものです。では、なぜサンプルとして置かれているのでしょう。それは内容を確認し、必要と感じたら、自分で購入してほしいから。「自分の一冊にして書き込んだり、折ったり、使い込みながら、しっかりと勉強しなさい」という彼女の後輩を育てる厳しい〝想い〟が働いているのです。購入すれば貸出期間に制限されないで、勉強できるのですから。

国家試験対策に続く棚には、『活躍する管理栄養士　16人のキャリアデザイン』（田中浩子編　文理閣　2005年）や『ペルシア王は「天ぷら」がお好き?』（ダン・ジュラフスキー著　小野木明恵訳　早川書房　2015年）。管理栄養士になったならと想像を巡らすことのできる、ちょっと面白い本で心に活力を！

## 人体解剖図と人体模型

向って左端のがっしりとした棚には、少し高価だけれど、人の体のことを学ぶための基本的な本が並んでいます。人体解剖図としてその分野では有名な『グレイ解剖学アトラス』（R. L. Drakeほか原著　塩田浩幸ほか監訳　エルゼビアジャパン　2015年）などのずっしりと重い本をその場で広げてみることもできるように、天板がやや傾斜した背の低い奥行のある棚が選ばれています。棚の上にどんと置いて本を広げれば、たちまち、そのページの世界へ入れます。「ヒューマン・ボディ、いわゆる人体模型も置きましょう。小学校の保健室にあった骸骨模型も置きましょう」と、棚の横には実際に触れられるように模型が置いてあります。死体を触るわけにはいきませんが、ここで人の体の模型を触ることによって人体解剖図が立体を帯びてきます。大成功！

## おにぎりから伝わるもの

ところで、おにぎりは好きですか。

文字がまだ読めない小さな子にも絵だけで伝わるのが絵本。『おにぎり』（平山英三文　平山和子絵　福音館書店　1992年）が表紙を見せた形で棚のちょうどいい具合のところに置いてあります。たっぷりの海苔で巻かれた三角形のおにぎりの絵です。ページをめくれば、あの梅干しを入れたおにぎりができあがる様子に、思わず本当に食べたくなってしまう、そんな一冊です。

自分でもほいほいっと簡単に作れるおにぎり、お母さんが握ってくれたおにぎり、昔から日本人に愛されてきたおにぎり。ふわぁっと握られたおにぎりの美味しいことといったらありません。そんな幸せな気持ちでいつも料理と向き合ってほしいという願いを込めて、彼女はここに、この絵本を置きます。

「夕飯の時間が来たから、きょうも作んなきゃいけない、やだやだ」、というよりも「簡単だけど、美味しいものを作って食べよう！」というお母さんに。「きょうも患者さんの糖尿病が少しでも改善されますように」と願いながらレシピを作成する管理栄養士に。食事を作る人には、プロであろうとアマであろうと、愛情を込めてほしい。料理の原点は、生命をいただくものであり、また生命を継ぐものであるからです。

## 日本食の魅力を感じる

もうひとつ先の棚の見出しには「日本食」とあり、土井勝、辰巳芳子など、「日本食といったら、この人！」という著名な名前が並んでいます。海外の文化との交流をも生み出す、日本食の学びは外せません。そういえば、スタジオの棚にも日本食に関する本は多くありました。たとえば、辻調理師専門学校の創始者である辻静雄の本『Japanese cooking: a simple art』(Kodansha International, 1980)。２２０を超えるレシピ、５１０の単純明快なのに繊細なスケッチ、16のカラーページを含む５００ページを超える辞典のようなこの本には、包丁の研ぎ方から包丁の入れ方、鉄火丼のページでは、テンコ盛りの海鮮丼を食べた自分を反省したくなるほど、そこに表現されたまぐろは美しいrose bud（バラのつぼみ）に仕上げられています。

この美しく、繊細な日本料理を知り、その魅力を大事にしたいものです。とはいえ、海外の美味しいものにも目がないのは事実ですけどね。最近、『英国一家、日本を食べる』（マイケル・ブース著　寺西のぶ子訳　亜紀書房　２０１３年）がアニメ化、ＮＨＫ総合テレビで放映されました。この原著『Sushi and beyond: What the Japanese Know about Cooking』（Michael Booth, Vintage, 2010）も横に置きましょう。日本食を知り尽くそうとするイギリス人の食べっぷりには驚きと感謝すら感じます。他の国の食文化をも理解しようということはその国を愛することとイコールに近いでしょう。本選びも「日本を愛しましょう！」の心意気が伝わってくるようなこの「日本食」の棚です。

## 文学と食の融合は面白い

先ほどのオーラ美人が、ビブリオ・キッチン・スタジオとの連携という名目の下、少年サッカーチームの監督をしていると噂されているイケメン図書館司書と、お酒好きを巻き込んでしていることがあります。

「ええっ、まだあるの！」なんてあきれないでください。恰好良く表現すれば、文学と食の融合です。ならしていえば、「小説を読むのが好きで、食べるのが好きで、お酒を飲むのが好きな人集まれ！」です。これ全部、好きな人、集まれ！

では、それぞれの棚を紹介しましょう。

〈HARUKI〉の棚　「毎週金曜17時　村上春樹を食べよう！」と書かれたポスターには「村上春樹の作品に出てくる料理を作りましょう」とあります。これは楽しそう。ハルキストまでいかなくてもいいの。そのお洒落な感じに酔いましょうよ。たとえば、なかなか帰ってこない、いやもう帰ってこないかもしれない妻を待つときにはパスタ、シンプルなトマトソースのパスタ。棚から取り出すのは『ねじまき鳥クロニクル』（新潮社）。再現したくないと思うのはホットケーキのコカ・コーラがけ、だけど。「なに、大丈夫？」と思ったレシピも、みんなで再現すれば面白い！に変わる気がします。棚から取り出すのは『風の歌を聴け』（講談社）です。ししゃも、きゅうりとセロリの味噌漬け、そしてシーバス・リーガルでも飲みながら『ノルウェイの森』（講談社）を棚から取り出す。流れるのはモーツァルト。ああ、なにもしたくなくなる。

〈KUNIKO〉の棚　『男どき女どき』（新潮社）、『父の詫び状』（文藝春秋）、『思い出トランプ』（新潮社）などの作品群が並んでいます。料理上手で有名だった、向田邦子の手料理』（講談社　１９８９年）から一品つくりましょう。そして、白ワインにしましょう。

うなぎのおろし蒸しは割とシンプルな料理ですから。白身魚のワイン蒸しもいいですね。ブロッコリーのレモン醤油もさっぱりして気取らないサラダ。鶏のしそ焼きは日本酒かな。

**〈ZEN〉の棚**　心を浄化する坐禅会が行われます。椅子坐禅ならあぐらが組めない方も大丈夫。坐禅で煩悩を取り払った後には、ガラス張りの閲覧室から望む夜景や咲き誇る1000本の桜を眺めながら、大人の時間を過ごしましょう。大人の時間に合う、あの切れ味のいい岩手の大辛口「水神」で精進料理をいただきます。坐禅の仕方、道元、禅宗についての本はたくさんあります。ストライクな内容ではないけれど、禅の心が読み取れるかもしれない本も〈ZEN〉の棚には置いてあります。

禅といえば、この人、スティーブ・ジョブズ。彼を絡めて禅を知るには『禅と林檎』（石井清純監修　角田泰隆編　宮帯出版社　2012年）が読みやすいでしょう。人に何かを伝える行為を洗練させたいときには『プレゼンテーションZEN　第2版』（ガー・レイノルズ著　熊谷小百合訳　丸善出版　2014年）。人によっては、目から鱗が落ちるかもしれません。『弓と禅』（オイゲン・ヘリゲル著　稲富栄次郎ほか訳　福村出版　1981年）、これも一度は読んでみてほしい、外国人から見た日本の心。禅の心は世界に広がっているようです。

キッチンスタジオと図書館を行ったり来たり。その人の流れをつくるための食の棚づくりは続きます。どうせなら、オードリー・ヘプバーンが演じる映画『麗しのサブリナ』（ビリー・ワイルダー監督　１９５４年）の中で「世界で一番の料理学校」として通ったフランスの歴史ある料理・製菓学校Le Cordon Blue（ル・コルドン・ブルー）からも調べものに来るような棚を目指しましょう。このビブリオ・キッチン・スタジオを企画・運営するオーラ美人な図書館司書がここで思いを込めて本を選び、誰かに届けるとき、地域も世界も繋がるグローカルな交流を生み出す場として、棚はますますオーラを放つでしょう。

そう、棚にある本って、人に触られると生き生きとしてくるものなのです。生きているんです。その一冊ずつがオーラの源です。私たち、図書館司書が棚の本をきれいに並べ直したり、ほこりを払ったりしたときに、利用したい人と思しき人が歩いてくるんです。不思議だけど、これ、本当です。ほら、向こうから、歩いてきました。

## 自分の好きなように生きよう！

18歳で大学に入り、22歳で卒業して社会人になるのが大学生としての標準的なコースです。なかには留年する学生もいれば、退学する学生もいます。『ボーン・ディス・ウェイ』（2011年）で有名なレディ・ガガは17歳で大学に飛び級入学するも退学。紆余曲折の末に、世界的なポップ歌手になっていたりするじゃない？ だったら、とりあえず好きなように生きたらいいじゃないか！ なにも周りに認められるために、周りの評価が高いところを目指してしのぎを削って入ってから、「あれ？ なんで？」って自分の本心に気づくような人生はやめようよ、と就職活動支援をする本を選ぶときにつらつらと思うのがこの問題です。あなた、それはだいぶ穿った見方ではありませんか？と、お叱りを受けるかもしれませんね。

数多くの学生が憧れる、たとえば、女子であれば「資生堂」、ディズニーランド好きなら「オリエンタルランド」など。もちろん明確に自分がしてみたいことがあるなら、必ずやその企業の一席を獲得してほしいです。兎にも角にも「どこか会社に」入らなくてもいいんじゃないの？っていうことです。

労働環境、人口動態、世の中の趨勢をここで論議するつもりはないのですが、正規専任職員のパーセンテージが彼らの親世代の若かりし頃とは変わってきていることや、明るい見方をすれば、新しい生き方ができるようになっていることは、しっかりと世の中の情報を捉えていれば見えてくるはずです。

そう、そんな自らなにかを創生していくような若者の思考にも応え、支え、癒す棚をつくりましょう。

自分で自分の道を選び取るためには、最新情報を随時インプットする力が必要。講義前には〈ちょっと立ち寄れ、新聞コーナー〉へ、ようこそいらっしゃい。ここには地元新聞、経済新聞、全国紙がずらり。このコーナーは大学に来た日には必ず押さえましょう。

## 〈ザ・個性派〉になるための棚

続いて、〈ザ・個性派〉になるための棚をふっと歩き飛ばさず、ぶらぶらとブラウジングしていってください。目的なく漫然と本棚を眺めるというこのブラウジングという行動は、予期しない本の発見や運命のように出会うべき本に手が伸びます。

人とのつながりを大切にしながら、戦略的に、〝自分〟というものを抱えながら、静かに道をつくっていく力を養うには、この一冊はいかがでしょう。〝時代に流されず、その時代の主流の生き方を是とせず〟というのもありだと思える言葉「その一般大衆の中で、終始一貫淡谷のり子でいよう」は、『ふつうがえらい』（佐野洋子　新潮社　1995年）の中の一文です。佐野洋子といえば、絵本『100万回生きたねこ』（講談社）で知っている方は多いはずですが、もしや「淡谷のり子」を知らない方がいるのではないでしょうか。あのギンギラの衣装にブルーのアイシャドウの〝ブルースの女王〟は昭和という時代を生きた人。戦中・戦後と一番世の中が目まぐるしく変わった時代に自分を変えずに生き抜いた人でしょう。

かなりアウトローな生き方をしたいなら、アウディ・A8をキレッキレなドライヴィングテクニックで魅せる映画『トランスポーター2』（ルイ・レテリエ監督　2006年）。ただの運び屋のはずなのにあんなかっこいい男はいないじゃないか、生き方もいいじゃない。映画で現実から離れ、いつもの自分じゃない自分を妄想するのもいいものです。私がもし男なら、『トランスポーター』シリーズのフランクか、アメリカのテレビドラマシリーズ『ドクターハウス』のハウス、邦画なら『課長 島耕作』の島、彼らのようなアウトローな人生を送ってみてもいいな。あ〜、でもこの男たちの生き方の魅力の大きな要素は、ジェイソン・ステイサムのような切れ味のよい身のこなしと甘めのマスク、ヒュー・ローリーのような知的で皮肉屋だけどあの容姿、何人かの俳優が演じている島耕作は切れる男だけど愛がある。男に生まれ変わっても現実は儚いものかもしれません。ま、夢見るのはいいじゃないですか。

そう、この〈ザ・個性派〉を目指す人のための棚は、これら映画やドラマも観られるようになっています。

## ノーマルに就職活動支援

入学したての1年生から網を張って、学生時代に取れる資格を案内する本は、図書館に入ってきたら気になるところに置きましょう。そこから、「おっ、これは取っておこうかな」と思う資格が見つかったら、その試験の傾向と対策がわかる本へと誘いましょう。社会人になる前の時間は4年間とたっぷりあり、長いスパンで利用してもらえる資料の選択と導線を読まねばなりませぬ。図書館司書の棚づくりと、書店における棚づくりとの違いはここでしょうか。購入した本をいかに必要とする人に届けるかが使命です。

時に、本人はその必要性に気付いていないかもしれませんし、必要であることをひた隠しにしているかもしれませんから、棚へ目立つように置くこともあれば、こっそり見ることができるように配慮したり、まるでできた母親のようです。あまり世話を焼きすぎないのも大事、だけれど。

資格取得のための問題集は、必要ならばその対価を払って、自分のものにして、心置きなく書き込んで、ドッグイヤーして、付箋を貼って、存分に勉強した方が効率いいよ、という考えは図書館で仕事をする立場であっても持っていていいと思うんだけどな。どうでしょう。エントリーシートの書き方やSPIと呼ばれる適性試験に関する本も用意しましょう。だけど、試験過去問題集やハウツー本だけでは、伝わってこないものがあります。

なので、先輩達の就活体験について書かれた本も置きましょう。『就活の神さま　自信のなかったボクを「納得内定」に導いた22の教え』（常見陽平　WAVE出版　2011年）です。『若者と労働「入社」の仕組みから解きほぐす』（濱口桂一郎　中央公論新社　2013年）は会社での働き方をまずは知ることができるものです。

自分がどんな働き方をしたいかを探ることができる4年間だからこそ、まずは本で社会のしくみを垣間見ましょう。そんな2冊です。

# 昭和の時代を語るカラーブックスに恋をして

## 「カラーブックス」って？

保育社の「カラーブックス」はその名の如く、カラー刷りで小さなサイズにもかかわらず、情報量が多いのが特色です。１９６２年に『ヒマラヤ　秘境に生きる人びと』（川喜多二郎・高山龍三）が刊行されてから、１９９９年まで９０９巻も続いたシリーズです。写真文庫ともいわれています。読むというよりは見て楽しむ文庫です。刊行された時代からもわかるように昭和の時代を語る文庫でもあります。「日本の私鉄」シリーズは近鉄から始まり、31巻。世の中にさまざまな折り紙の本はあるけれど、１９７０年に出版された『おりがみ』は、河合豊彰によるもので、折り方の説明は決して親切とはいえないのに、紙の選び方が書かれているという職人っぽさ、表紙にもなっている赤い般若の面には見惚れてしまいます。

この文庫、かつては大学図書館の文庫・新書コーナーの割と目立つところ、新潮文庫や岩波文庫などと同じようにメインのコーナーにありました。この場所では、学生よりも社会人の方達をよく見かけました。なんとなく、互いの手に取っているものが気恥ずかしくなったりもします。明確に「おりがみ」だったり、「コーヒー」だったり、「飛鳥の寺」だったり、と興味の対象がわかってしまうからです。一冊にまとめられた情報と「昭和のレトロ感」、それがなんといっても魅力です。

## 「カラーブックス」の危機

刊行がストップしてしばらく後に、図書館内では除籍（所蔵登録から抹消され、廃棄されること）されるかもしれないというカラーブックスの危機がありました。毎年、購入・保存していく本で書架に余裕がなくなってくると、古い情報のものは致し方ないが除籍しようか、という話が館内で持ち上がるのです。


「ええ、そんな！　このシリーズはもう古書店でも買えないものもありますよ。残しましょう」

「昭和の記録です。案外、借りていく方が多いです」

と穏やかにも強く抵抗したのは、このカラーブックスをこよなく愛するふたりの図書館司書たちでした。

「僕はＤＩＹがとても得意だから、今の棚の隙間に棚を作りますよ。館長、やらせてください」

「あの、私は百均グッズで棚をデコります。館長、百均ならいいでしょう」

「そうか。どうせ棚を増やすなら、オリジナルでやってみるか。じゃあ、任せたよ。その代わりに今度の休館日にやってしまってね。よろしく」

「やった〜！　ありがとうございます」

そして、月曜日の朝。

「昭和の魅力を語る文庫」と大きな文字で書かれたパネルが、木製の棚に掛かっています。

赤い見出しがつけられたところは各地の紹介コーナーのようです。ここ地元〈名古屋〉のコーナーには『名古屋の味』（鈴木修　1976年）『名古屋夢先案内』（永井美穂文　下川勝成写真　1989年）。そして、併せて読むとなお良し！として名古屋関連の資料（郷土資料）の場所が案内されています。

〈北海道〉のところにはカラーブックス『すすきののママ101人』（木村久里　1990年）。これは私も人間味溢れていて好きな一冊だな。北海道のところね。ふーん。〝すすきののママの今〟か〝名古屋のママ101人〟を新たに刊行してくれないかしら。

〈日本の文化〉の見出しの棚に来ると、『陶芸』『おりがみ』『短歌』などのタイトルが並んでいます。小さなテーブルと折り紙が置いてあります。

「折り紙が実際にしたくなるね」

「はい。留学生用に英語の解説がついた折り紙の本も書庫から出しときました」

「前は刊行の順に並んでいたけど、この方が面白いよ。ありがとう」

と、館長。

ここで前述の『すすきのママ101人』について、その内容を知らない方のために少しだけご紹介します。これを書いたライターが生年月日、出身地、身長、体重、B・W・Hサイズ、趣味・特技、性格、将来の夢から始まり、好きな客のタイプ、恋人にするならこんなタイプ等々を質問。それにママが答え、それぞれにポーズをとった全身写真とお店の紹介が一ページにまとめられています。つまり、一人につき一ページ。生年月日が掲載されているので、今、このママ達は若くても還暦。服装も昭和の香りがいっぱい。なぜか魅かれる一冊です。

# 大好きなチョコレートのための棚

## チョコレート大好きです

普通のノートでなく、少しばかりうやうやしく、アーネスト・ヘミングウェイやパブロ・ピカソ、ブルース・チャトウィンも使ったというあのモレスキンのノートに、自分が食べたチョコレート♪について書き記したいと思っています。「チョッコレート♪、チョッコレート♪、チョコレートは……」の明治の板チョコブラックからベルギーのゴディバ、ピエール・マルコリーニのチョコレート、等々。そのフォルムと美味しさを記録したいですね。思っているだけでモレスキンへの記録が未だ実現しないのは、食べる誘惑に早々と負けてしまうからです。

私が勤務する大学内にあるカフェの片隅を借りて始めたマイクロライブラリー（マイクロライブラリーとは、個人が所有する本を活かし、本のある空間を小さな図書館として個人運営するものです。私の場合は、子どもたちと本を結ぶ場となるよう、本を持って移動するkiki.s.microlibraryを運営しています）。その小さな図書館では、近頃、『チョコレートパン』（長新太　福音館書店）、『こねこのチョコレート』（B・K・ウィルソン作　小林いづみ訳　大社玲子絵　こぐま社　2004

年）、『チョコレートのじどうしゃ』（立原えりか作　太田大八絵　チャイルド本社　２００７年）など、チョコレートとあらばコレクト中です。

## チョコづくしにしてみたい

さて、そんなチョコレート好きな私が、大学図書館の棚ではないけれど、「この棚を任せてくだされば、こんな風な棚にいたしますよ」という熱い思いが一年以上前から胸の中にぶわーっと膨らんでは、ふぅっと消え、また膨らみ、を繰り返しているとても気になっている棚が、よく散歩する道すがらにあります。それは、チョコレート好きの私が自信をもっておすすめできるお気に入りのひとつである街のチョコレート屋さんの陳列棚です。アマンドショコラ、オランジェット、トリュフ、どれも、どれも美味しい。チョコレートや焼き菓子が並ぶ陳列棚を飾っている洋書が素敵。と、仕事柄、どうしても本の背をじっとみつめてしまいます。そこにはタイトルが書いてあるから（並んでいる洋書はチョコレートとなんの関係もないんですもん）。チョコレートを選んでいる間も、包んでもらっている間も、どうにも気になってしょうがないのです。なんだかそわそわして挙動不審な私の様子を見兼ねて「よろしければ、伺います」とにっこりとかわいい女店員さんが微笑んで声をかけてくださいます。この気遣いとはまったく

ているけれども、しかし、彼女には私はまるで用件を言えずにもじもじしている大人しげな客に見えるのでしょう。

違うの。だってだって、やっぱり、何度、目をお皿のようにして本の背のタイトルをじっと見つめても『CHOCO』ではなくて『Civil…』とか『ECONOMIC』とかチョコレートと関係ないものばかり。どう考えても図書館に長く勤務した者には、どこかの除籍本ではないかしらんと、つい気になってしょうがないのです。図書館司書の性でしょうか。洋書というのはとても素敵なものです。革の装丁、たとえば、見返しの遊び紙がマーブル模様だったり、〝天〟（あのほこりがたまりやすい本の上部）が金色だったり、なんともお洒落。その本もそんなきれいな洋書なのかな。背からはわかりません。おしいなぁ。何度も言いますが、一番気になるところはチョコレート関連の本ではなさそうなことです。

あんなに美味しいから、チョコレートで勝負しているのはわかるんだけれども、「そこのところの棚、私に手をかけさせて！」と名刺を差し出したくなる衝動を何度抑えたことでしょう。きっと、前述のチョコレート絵本やチョコレートの歴史が書かれた本や世界中のチョコレートの写真集やチョコレートのできるまでや、チョコづくしの棚にします。

いつかバレンタインの日には「この棚、私がセレクトした本が並んでいるのよ。チョコづくしでしょ！」と友達に自慢しながら、一緒にご褒美チョコを買い、ふんふんと鼻歌を歌っている、なんてことを妄想しています。

このチョコレート屋さんだけでなく、お洒落なお店で素晴らしいコンセプトのもとに商品が提供されていて（それが本物志向であれば、なお！）、そこから作り手やバイヤーの情熱が伝わってくるほどに、本が引き立て役どころか、オブジェに徹してしまっているときに私の胸はぞわぞわしてしまいます。「なんとかしなくては、この棚を救済しなくてはいけない。君ではないかもしれない、ここにいるべき本は！」なんて具合です。本はどこまでもオブジェにあらず、置くなら、周りにあるものも輝かせるものを置きましょう。いつでもお手伝いします。

## 視聴覚資料と本が恋をする

「視聴覚資料」なんて堅苦しい図書館用語はやめにしましょうと思います。でも、大学生へ図書館ツアーで視聴覚学習センターを〝AVセンター〟と案内しようものなら、すぐに男子の中でざわめきが起こるので、「AVとはAudio-Visualのことです」とすかさず言い直し、「まさかとは思ったが……」と彼らを少し落胆させなくてはならないのが、この場所をツアーで案内するときの光景です。「えっ」という不要な期待感をすぐに削除しておかなくてはならない上に、Audio-Visual material（視聴覚資料）の魅力をちらつかせ、気になってしょうがない感じになって帰ってもらわなくては、このツアーの時間がとてももったいないというものです。

カセットテープ、ベータビデオ、VHSビデオ、18ミリビデオ、マイクロフィルム・マイクロフィッシュとかのフィルム系のもの、LPレコードやそれにとても似ているけれど、映像も見ることができるレーザーディスク、音楽CD、DVDやブルーレイなどのディスク系のもの、があります。図書館っていったら、本があるところと思っている近所の公共図書館にもあまり行ったことがないような大学生には、大学の図書館にDVDやブルーレイがあるなんて衝撃的です。

「おい、ここで講義をさぼってなにやら映画が観られるんじゃないか」と密かに思う人がどのくらいいるでしょう？　すごくいます。大雑把でごめんなさい。すごくいるんです、多分。「よし、ここに来よう！」「この大学に入学して良かったじゃないか！」という顔になるんです。実際、図書館ツアーで案内をした直後か、翌日か、その週のうちに、彼らの顔を見かけます。照れくさそうに、「あ、どぅも」みたいな感じで。

大学にも慣れてくると、ＡＶセンターのお姉さん司書に声を掛けることができるようになります。

「なんか、泣ける映画ありませんか？」人は時に泣きたいという衝動に駆られるものです。心の洗濯をするのでしょう。「『ある愛の詩』（アーサー・ヒラー監督　１９７１年）なんか、いかが？」

「なんか、可笑しくてしょうがないのありませんか」人はどえらけにゃー、笑いたいときがあるのです。意味もなく、〈笑える〉の棚から掴んですすめる。「談志の落語なんていかが？」

「えっ、男子？」「違う、違う、アクセントが違う、談志も男子だったけどさ。ついでにこれも良かったら持ってきな」と立川談志『人生、成り行き』（新潮社　２０１０年）を渡す。

「なんか、怒った後に、スカッとできるのないですか？」「あー、『エリン・ブロコビッチ』（スティーブン・ソダーバーグ監督　２０００年）なんてどう？」

環境保全に目覚めた場合にはレイチェル・カーソンの『沈黙の春』（青樹簗一訳　新潮社）をどうぞ読んでとばかりに面を出して小さな丸テーブルに。『エリン・ブロコビッチ』の英語セリフが気になる人は『エリン・ブロコビッチ　名作映画完全セリフ集』（塚田美千代ほか翻訳スクリーンプレイ出版　2002年）で成りきってみてはいかがでしょう。

そろそろお気づきでしょう。棚は〈笑える〉〈泣ける〉〈怒れる〉などの感情分類に分けてあります。これは司書の主観と、過去に視聴した学生の客観でつくられたとてもいい加減なジャンル分けです。

最後に、少しアカデミックな気分を入れていきましょう。

「なんか、先生の課題が難しくてわかんないんだよね。裁判員制度のことを調べないといけなーい。あーあ、ちょっと一息入れてからにするわ。なんか、ないですか？」

「あるよ」、一息と調べ物を一気に終わらせることができるのが。お姉さん（?）に聞いてくれてありがとう！「『12人の優しい日本人』（中原俊監督　1991年）どう？　三谷幸喜の脚本、パロディだから、面白いよ。セットでその雑誌『法学教室』（有斐閣）もどうぞ。特集に裁判員のことが載っていると思うよ」

講義をさぼろうという目的のはずが、人というのは悲しいかな、なんか目的をもって行動しようとするものなんですね。罠にはまりました。いや、ぴたっと彼のニーズに合いましたようで「ありがとう！　また来るわ」と笑顔で帰っていきました。あー、まだおすすめあるけれど、その棚のそのDVDの横にさ。〈怒れる〉の棚の『十二人の怒れる男』（シドニー・ルメット監督1959年）がおすすめなのよ。その『法学教室』（2017年4月号）もぴったりだけどな。また、来るかな。あー、〈怒れる〉棚に『12人の優しい日本人』を置くのは正解だったのかな。

こんな風に少しずつ抵抗なく必要な深い情報へ到達できるように網を巡らせ、罠にはめます。いや、違う。最初は優しく、かつ易しく、そして自然に、自らの力で、専門の入口へと近づいていってくれればと思い、緩やかな坂を登っていくような具合に棚をつくります。

誰？『法学教室』はカレント（新しく発行されたばかりの）雑誌コーナーに置いとかないかんがねと言っているのは？

大丈夫です。代本板を置いてありますからね、台本ではないですよ。貸出中や企画展示中の本の代わりに置く、本の背に見立てた木製やプラスチックの板です。「この本は今、こちらのコーナーへ移動中」とわかるようにする必殺道具です。いろんな手を加え、図書館司書は棚に手を伸ばしてくれるのを待っています。

小嶋 智美

こじま・さとみ

インディペンデント・ライブラリアン。

岐阜県出身。取得した資格の中で特に活用しているものは、司書・ヘルスサイエンス情報専門員・マインドマップ公認インストラクター（TLI）、普通自動車運転免許。これまでに経験した仕事は、広告の制作・大学図書館や病院図書館の司書・書店の事務・大学の非常勤講師・酒場の女給・衣料店の販売員・地域情報誌の編集・声の仕事など、多種多様（順不同）。仕事依頼は、随時ありがたく受付中。人生のミッションは「学ぶ楽しさ・知る喜びを伝える人」。

ブログ　https://kojimasatomi.tumblr.com/

## 病院の中の「図書館」と医療・健康情報

［おすすめBGM♪］『キー・オブ・ライフ』スティービー・ワンダー（1976年）

みなさんは、病院にも「図書館」があることをご存じですか？

日本に設置されたすべての病院に図書館がある訳ではありませんが、比較的規模の大きな病院には、患者や一般の人を対象にした図書館と、その病院に所属する医療職や事務職などの病院構成員を対象にした図書館の両方、あるいはいずれかが設置されている場合があります。いずれも医療や健康に関する情報を集めることのできる便利な図書館なのですが、一般にはあまり知られていないようです。

ここでは、前者を「患者図書館」、後者を「病院図書館」として、この二つの図書館がどのような役割を担っているのかをご紹介します。

## 患者図書館

患者図書館は、その病院にかかっている人だけでなく、誰でも気軽に利用することができます。そのため、総合受付や待合の近く、レストランや売店と同じフロアなど、目に付きやすく出入りしやすい場所に設置されています。

患者図書館の機能は、大きく二つに分けられます。まずは入院患者や付き添いの人などに対し、癒しや娯楽などを目的として図書や雑誌などを貸し出すというものです。これに加え、もう一つの機能である医療や健康についての調べものができるところが増えています。調べものに活用できる専門書や事辞典類のほか、病気や治療法に関するパンフレット、新聞などに掲載された医療記事の切り抜き、調べもの用のパソコンなどを用意しています。図書館によっては、利用のサポートを行う司書や医療職の経験者が常駐しているところもあります。

名古屋市立大学病院の〈患者情報ライブラリー〉には、癌関係の資料を集めた小部屋が用意されており、扉を閉めて人目を気にすることなく調べものや相談ができるようになっています。千葉済生会習志野病院の〈患者図書室　あおぞら〉は、屋上庭園と同じ階のエレベーターホールに間仕切りのない状態で設置されており、開放的な雰囲気の中で利用することができます。信州大学医学部附属病院の〈こまくさ図書室〉は、患者図書館でありながら地元の公共図書館である松本市図書館の分館でもあり、病院にいながらにして公共図書館のサービスを受けることができます。

患者図書館がどこにあるのかを調べるには、目当ての病院に直接問い合わせたりするほか、関連団体のウェブサイトを参考にすることができます。日本病院ライブラリー協会（ＪＨＬＡ）のウェブサイトでは、協会の加盟病院にある患者図書館のリストを掲載しています。全国患者図書サービス連絡会のウェブサイトには、「患者図書サービス事例」のページがあります。

自分や自分の大切な人のために少しでも医療や健康の知識を身につけたい・役立てたい、心身のつらい状況を少しでも和らげたい・寄り添いたい・分かち合いたい、そのような人たちのために患者図書館があります。もし、お近くの病院で患者図書館を見つけたら、ぜひ覗いてみてください。健康講座などのイベントを定期的に開催しているところもありますよ。

### 病院図書館

病院図書館は、病院の構成員を主な利用対象にしているため、多くが関係者以外は立入禁止となる区域に設置されています。患者図書館と併設・共用の形で公開している病院図書館もありますし、大学の附属病院ではその大学の図書館が病院図書館を兼ねることもあります。

日本には、病院図書館の設置に関する法令があります（法律第２０５号「医療法」第22条、法律第２０１号「医師法」第16条に関する厚生労働省令第１５８号）。また、病院を評価する第三者機関のツール「病院機能評価」や「臨床研修評価」には、図書館や病院構成員に対する情報サービスについての項目があります。医療や医師を育成する組織の質を判断する要素の一つとして、病院図書館の機能が挙げられているのです。

病院図書館に従事する司書は「病院司書」と呼ばれ、いわゆる図書館に関する専門的な知識や技術と共に、医学や医療の特性をふまえた情報サービスができる能力を携えている必要があります。たとえば、病院図書館では速報性の高い論文がよく利用されるので、医学分野の論文調査に特化したデータベースを導入しており、司書もそのデータベースを使って検索を行います。このため、病院司書が多く所属するＪＨＬＡやＮＰＯ法人日本医学図書館協会では、医学・医療の基礎知識の獲得や検索技能の向上を目的とした研修を定期的に開催しています。実際に、１９９５年に起こった地下鉄サリン事件では、原因がサリンだとわからないまま次々に救急搬送される人たちを懸命に救おうとする医療職と、彼らを論文の検索により陰ながら支えた病院司書の姿がありました。

病院司書は、病院構成員への情報サービスを通して「医療の質向上」に寄与することを責務としています。ですから、みなさんが病院図書館を直接利用することがなくても、病院司書がみなさんの受ける医療を間接的に支えていると考えることができます。また、病院図書館と患者図書館の運営を病院司書が兼務する場合もありますので、患者図書館によっては病院司書のサービスを直接受けることができます。患者図書館を利用する機会がありましたら、ぜひ図書館のスタッフに声をかけてみてくださいね。

### 医療・健康情報は「客観的な情報」を「自分の価値観」に照らし合わせて考える

私たちのくらしの中には、医療や健康に関する情報が溢れています。この分野に限らず、情報というものは常に不確実で、状況や時代、その情報を使う人によっても価値が変化します。患者図書館や病院図書館ではそのような点にも配慮して情報提供を行っていますが、みなさんのおかれた環境によっては、なかなか利用する機会がないかもしれません。そこでまとめとして、一般向けに記されている「医療・健康情報を見る際のポイントがわかる情報源」をいくつかご紹介します。

『健康・医療の情報を読み解く　健康情報学への招待』（中山健夫　丸善出版　２０１４年）は、身近な話題から情報の読み解き方を解説しています。『ヘルスリテラシー　健康教育の新しいキーワード』（福田洋・江口泰正編著　大修館書店　２０１６年）は、健康情報の活用能力「ヘルスリテラシー」の基礎知識と実際の取り組み例を紹介しています。厚生労働省のウェブサイトにある「「統合医療」情報発信サイト（ｅＪＩＭ）」には「情報を見極めるための10か条」が掲載されています。ＮＰＯ法人日本インターネット医療情報協議会（ＪＩＭＡ）のウェブサイトには、「インターネット上の医療情報の利用の手引き」が掲載されています。聖路加国際大学の中山和弘らによるウェブサイト「健康を決める力」は、一般向けのヘルスリテラシー向上支援サイトです。

私が個人的に医療・健康の分野をはじめとするさまざまな情報を見る際に留意していることは、「多角的な視点で考える」ことです。同じニュースでも複数の発信元の記事に目を通す、論文を読むときは研究対象や研究方法、執筆者の所属や資金の出所も確認する、その情報について立場の異なる人の意見を複数の観点からお聞きする、などです。

どの病院でどんな治療を受けるのか、治療をするのかしないのか、続けるのか止めるのかなど、医療を受ける際は多くの意思決定の場面があります。そして、意思決定を行うときには、必ず何らかの「根拠」が存在します。最近では根拠のことを「エビデンス」と呼び、「ＥＢＭ（Evidence-Based Medicine　根拠に基づく医療）」ということばもあります。ただしエビデンスとは、その課題に関する文献がある・科学的な実証に基づいた結果が存在するということだけを指す訳ではありません。それらの客観的な情報を参考に、それぞれの状況や価値観などを照らし合わせて総合的に判断するというプロセス全体が、主体的に意思決定を行うための大切なエビデンスとなります。その「客観的な情報」を得るための場所の一つとして図書館を利用していただけたら、さらに患者図書館や病院図書館を利用する機会があれば、医療や医学の専門図書館だからこその資料類や病院司書を存分に活用して「よりよく生きるための鍵」を見つけていただけたら、と思っています。

**参考文献**


患者情報ライブラリー（名古屋市立大学病院「各種窓口のご案内」）http://w3hosp.med.nagoya-cu.ac.jp/for-patient/consultation/

患者図書室　あおぞら（千葉県済生会習志野病院）http://www.chiba-saiseikai.com/bumon/library.html

こまくさ図書室（信州大学医学部附属病院）http://wwwhp.md.shinshu-u.ac.jp/KomakusaLibrary/

日本病院ライブラリー協会　http://jhla.jp/

全国患者図書サービス連絡会　http://kanjatosho.jp/index.html

公益財団法人日本医療機能評価機構　https://www.jq-hyouka.jcqhc.or.jp/

ＮＰＯ法人卒後臨床研修評価機構　http://www.jce-pct.jp/
ＮＰＯ法人日本医学図書館協会　http://jmla.umin.jp/
河合富士美・及川はるみ「サリン事件を経験して」『医学図書館』1995;42(2):121-2.
「統合医療」情報発信サイト（ｅＪＩＭ）http://www.ejim.ncgg.go.jp/public/index.html
インターネット上の医療情報の利用の手引き（日本インターネット医療協議会）http://www.jima.or.jp/riyoutebiki.html
ヘルスリテラシー　健康を決める力　http://www.healthliteracy.jp/

## ロックな医学文献への旅——医学文献データベースをゆるやかに使う

「おすすめBGM♪」
『イエスタデイ・アンド・トゥデイ』（1966年）のブッチャー・カバーを思い出しつつ
『マジカル・ミステリー・ツアー』（1967年）
いずれもザ・ビートルズ

### CTスキャナとビートルズ

「CTスキャナはビートルズの最も偉大な贈り物である」

ビートルズのファンや1960〜70年代あたりのロック音楽が好きな人であれば、このことばをどこかで聞いたことがあるかもしれません。CTスキャナ（コンピュータ断層撮影スキャナ）は、現在では病院の検査などに用いられる一般的な画像診断装置となっています。このCTスキャナの製品開発に成功したのが、EMI中央研究所のゴッドフリー・ハウンズフィールドです。彼はこの業績により、1979年のノーベル生理学・医学賞を受賞しています。このEMI中央研究所の母体は当時最大手のレコード会社の一つであった、EMI。EMIの手がけたビートルズが大成功したことによって得た資金をもとにCTスキャナが開発されたというエピソードから、冒頭のことばが生まれました。

## ロックな医学文献──最近の話題から

医学雑誌に掲載される文献の中には、ロック音楽やロックミュージシャンについて書かれた「ロックな医学文献」が少なからず含まれています。ロックミュージシャンに関する最近の文献では、2016年1月に亡くなったデヴィッド・ボウイへの謝辞を述べた緩和ケア部門の医師による文献（タウバート他 2016年）や、医学文献にはボブ・ディランの歌詞がよく引用されるという文献（ゴルニッキ他 2015年）などがあります。このディラン文献に対しては、「気象学者も使っているさ」という文献も発表されました（ブラウン他 2016年）。ロックな文献に限らず、医学研究の世界では、特定の文献に対して議論や支持などを目的としたコール＆レスポンスな（学術的にはコメンタリーと呼ばれる）文献が発表されることがよくあります。と、ここで「ディランはロックなのか？」という疑問をもつ人もいらっしゃるかと思いますが、私にとってディランはロックです。

ここまでにご紹介した文献は、世界最大の医学文献データベース『PubMed』で文献に関するデータ（書誌情報）、場合によっては抄録（その文献の内容を簡潔にまとめた文章のことで「要旨」ともいう）までなら誰でも確認することができます。ただし、ＰｕｂＭｅｄはアメリカのデータベースですから検索するときは英語を使いますし、検索できる文献も多くが英語で書かれています。

では、「日本語で書かれたロックな医学文献」を「日本語で探す」ことは可能でしょうか。ここでは『医中誌Ｗｅｂ』を使い、業務のように厳密にではなく、あくまでも趣味として寛大にゆるやかな姿勢でロックな医学文献を探したプロセスをご紹介します。

## 『医中誌Ｗｅｂ』からはじまる「ロックな医学文献」への旅

医中誌Ｗｅｂは、ＮＰＯ法人医学中央雑誌刊行会が提供する、主に日本国内の医学雑誌を対象にした文献データベースです。当然ながら日本語で検索できますし、検索できる文献も多くが日本語で書かれたものです。ただし、ＰｕｂＭｅｄはアメリカの税金でつくられた世界中の誰もが使える無料のデータベースですが、医中誌Ｗｅｂは機関や個人で契約をすることで使える有料のデータベースです。日本で医学や医療などに関連する学部・学科がある大学の図書館や病院図書館はほぼ導入しており、公共図書館でも東京都立中央図書館、京都府立図書館、瀬戸内市民図書館、くまもと森都心プラザ図書館など、利用できるところが増えています。

ＰｕｂＭｅｄも医中誌Ｗｅｂも、登録された大半の書誌情報に「索引語」が付いています。索引語とは、その文献を端的に表すキーワードのことで、目的とする文献を的確かつ効率的に探し出すための手がかりとなります。たとえば、先に挙げたロックな文献は音楽に関する文献でもありますが、必ずしも「Music」ということばそのものがタイトルや抄録、本文などに使われている訳ではありません。文献によっては、「Song」や「Sing」などが使われている場合もあります。そのような文献が検索結果から漏れないよう、データを登録する際に「Music」という索引語を書誌情報に付け加えるのです。

索引語となることばは決められており、そのことばの意味や範囲、各索引語を付すためのルールなども含めて整理され、辞書としてまとめられています。この辞書のことを「シソーラス」と呼びます。ＰｕｂＭｅｄでは『米国医学件名標目表（ＭｅＳＨ）』、医中誌Ｗｅｂでは『医学用語シソーラス』というシソーラスが用いられています。この二つはインターネットの利用ができる環境であれば、誰でも使うことができます。今回は、この「索引語」を使って検索を行います。

まずはさきほど紹介したロックな文献に該当するＰｕｂＭｅｄでの書誌情報を確認し、Ｍｅ

SHによる索引語のうち、どのようなものが使われているかを調べました。高い頻度で使われていたのは、「Music」「Biography（伝記）」「Historical Article（歴史的文献）」でした。そして、これらのうち医学用語シソーラスに登録のあった索引語は、「音楽」「伝記」でした。そこで「音楽」「伝記」の索引語に限定して医中誌Ｗｅｂを検索してみました。しかし、ヒットしたのはクラシックの音楽家と音楽療法の研究者に関する文献ばかりでした。

私も一応司書ですから、ゆるやかな調査といえどもあきらめきれません。ロックな検索魂もこれまたゆるやかではありますが、もちあわせています。そこで、この時点で見つかった文献の書誌情報を調べて、他に検索語として使える索引語が無いか探しました。すると、いくつかの文献の中に「病跡学」という索引語があることに気付きました。病跡学とは、精神医学や心理学の観点から傑出した才能がある人の個性や創造性を研究する学問のことをいいます。そこで、「音楽」と「病跡学」の索引語を使い、再び検索してみました。

ありました、ロックな文献。いずれも日本病跡学会の学会誌『日本病跡学雑誌』に収録されているものでした。モリッシー、カート・コバーン、ルー・リード、中島みゆき、などなど。と、ここで「中島みゆきはロックなのか？」という疑問をもつ人もいらっしゃるかと思いますが、私にとっての中島みゆきはロックです。

念のため申し添えておきますが、司書が業務としてデータベースを使う場合は、索引語と共に、適切な文献ができるだけ漏れないよう検索のためのことばをさまざまな情報源から集め、戦略を練り、依頼者と協力しながら繰り返し検索を行います。今回の検索についても、ロック的な用語やミュージシャンの名前など検索方法にもうひとひねり加えると、別の文献が挙がります。たとえば、ロックのライブなどで観客がおしくらまんじゅう状態になる「モッシュ」（索引語ではありません）で検索すると、歯科医によるモッシュの危険性に関する文献が見つかりました。「マリリン」（これも索引語ではありません）だと、マリリン・マンソン文献もマリリン・モンロー文献もヒットします。と、ここで「マリリン・モンローはロックなのか?」という疑問をもつ人もいらっしゃるかと思いますが、私にとってのマリリン・モンローはロックなのか、ちょっと難しいところです。

## 図書館からはじまる「○○な文献」への旅立ち

さて、冒頭に紹介したCTスキャナとビートルズに関するエピソードに戻ります。

２０１２年に「私たちはCTスキャナ開発の資金供給元として本当にビートルズに感謝しなければならないのか?」（メイズリン他　２０１２年）という文献が発表されました。この文献では、ＥＭＩよりもイギリスの保健社会保障省（現在の保健省の前身）が供給した開発資金の方がはるかに多かったという調査結果が出ています。となると、例のあのことばは「ＣＴスキャナは当時のイギリスの保健社会保障省、あるいはイギリスの納税者の最も偉大な贈り物である」ということになるのでしょうか。

この文献の著者は自身もビートルズのファンであることを添えた上で、資金面では保健社会保障省の支援が上回っていたが、他の要因の調査ができていないのでビートルズが無関係だと決めつけることはできない、なにより世界遺産的存在であるビートルズがＣＴスキャナの開発に関連したとして人々の記憶に残ることには十分な意義がある、と述べています。

それにしても、ビートルズのメンバーは自分たちがこのような話題の対象になるとは思ってもみなかったでしょう。ちなみに、おすすめＢＧＭとして紹介した『イエスタデイ・アンド・トゥデイ』は、アメリカでの販売権を獲得したキャピトル・レコードがメンバーの了承を得ずにそれまでの発表曲を編集して発売したアルバムです。当初のアルバムジャケットはメンバーが白衣を着て肉屋に扮したものでしたが、すぐに別のジャケットに差替えられたため、この肉屋版（ブッチャー・カバー、肉屋は英語で「butcher」）はマニアにとって価値のあるものとなっています。情報というものは何がどう評価されるのか、本当に予測がつきませんね。

なにはともあれ、〇〇な文献が読みたくなったら、司書におたずねください。図書館では、文献の検索や所蔵館の調査、文献の取り寄せ手続きをしています。もちろん文献データベースの検索方法もご案内しますので、図書館にいらしてくだされば、ご自分でも「ちょっとマニアックな（マジカルな？）文献への旅」ができるかもしれませんよ。

### 参考文献


The Beatles greatest gift... is to science　http://www.whittington.nhs.uk/default.asp?c=3947

Taubert M. Thank you letter to David Bowie from a palliative care doctor. BMJ Support Palliat Care. 2016 Dec;6(4):500-501. doi: 10.1136/bmjspcare-2016-001242.

Gornitzki C, Larsson A, et al. Freewheelin' scientists: citing Bob Dylan in the biomedical literature. BMJ. 2015 Dec 14;351:h6505. doi: 10.1136/bmj.h6505.

Brown S, Aplin KL, et al. Weather scientists cite Bob Dylan too. BMJ. 2016 Jan 20;532:i265. doi: 10.1136/bmj.i265.

ＰｕｂＭｅｄ　https://www.ncbi.nlm.nih.gov/PubMed

医中誌Ｗｅｂとは（サービス案内）http://www.jamas.or.jp/service/index.html

米国医学件名標目表（ＭｅＳＨ）https://meshb.nlm.nih.gov/

シソーラスブラウザ（医学用語シソーラス）http://thesaurus.jamas.or.jp/

日本病跡学会　http://square.umin.ac.jp/~pathog/pathography/Welcome.html

Maizlin ZV, Vos PM. Do we really need to thank the Beatles for the financing of the development of the computed tomography scanner? J Comput Assist Tomogr. 2012 Mar-Apr;36(2):161-4. doi: 10.1097/RCT.0b013e318249416f.

## 医療・健康情報と公共図書館の司書——多治見市図書館　中島ゆかりさん

おすすめBGM♪　『つづれおり』キャロル・キング（1971年）

課題解決型サービスの一つとして、医療や健康の分野に力を入れる公共図書館が増えています。医療や健康は「生きること」「死ぬこと」という誰もが避けて通ることのできない、けれども大変繊細な事柄に直面する課題です。とはいえ、図書館がみなさんの暮らしに寄り添うという存在価値をもっているものだとすれば、この課題について図書館ができることを考え、何らかの形で表現することは自然の成り行きなのかもしれません。なにより、医療・健康情報サービスを行う司書自身も、その課題を多かれ少なかれ抱えています。

ここでは、公共図書館で医療や健康についての情報サービスを行う司書の一人として、岐阜県にある多治見市図書館の司書、中島《なかしま》ゆかりさんをご紹介します。多治見市図書館では、2013年に〈医療情報コーナー・闘病記文庫〉を設置しました。同じ年に岐阜県立多治見病院に患者図書館〈ぬくた～らいぶらり〉が開設され、二館による協働事業が続けられています。中島さんはこの事業が発足する前から20年近くにわたり、多治見市図書館の医療や健康に関する情報サービスに携わっています。

図書館の棚は、司書という「人」がつくっています。受け入れた本をただ並べるのではなく、司書がそれまでに重ねてきた経験から得た何らかの「思い」を、「利用者にとっての使いやすさ」につなげながら棚をつくっているのです。中島さんの紹介を通し、図書館にはそのような思いを棚に「つづる」司書がいるということを感じていただけたらと考えています。

## 「自由」を大切に生きること・選ぶこと

中島さんのお名前「ゆかり」は、ひらがなです。明治マーブルチョコレートのテレビＣＭで有名な往年の女優、上原ゆかりさんから名付けられました。同級生は「子」や「美」のついた漢字の名前ばかり、小学校の授業で漢和辞典を使って名前の由来を調べる課題が出るときなどに戸惑いを感じたこともあったそうですが、とても気に入っているとのこと。特に一筆でのびやかに書くことのできる「ゆ」の字の自由さが好きなのだそうです。うどん屋を営む親御さんは枠にとらわれない考えの持ち主で、子ども達にはいわゆる「あたりまえ」や「ふつう」に対して疑問を感じる人でいてほしいと願い、子ども達が主体的に決めたことは全力で応援してくれるそうです。

幼い頃から一人遊びが得意で、家からほど近い土岐市図書館は大好きな遊び場の一つでした。働く場所としての図書館との出会いもまた、この図書館でした。遠方の大学に進学したため、在学中は夏の帰省時のみ図書館で、大学を卒業してからは平日の日中を喫茶店、平日の夜と週末は図書館のアルバイトに充てました。卒業後の道として、児童文学の創作活動と司書とで迷った末に司書を、そして諸々の事情により非常勤職員としての勤務を選択しました。現在所属している多治見市図書館でも、非常勤職員の立場で従事しています。

### 思いやりの棚づくり――傷つけない・わかりやすく

もともと健康オタクだったという中島さん。持病があり、後期高齢者の家族と共に暮らし、看取るという、決して特別なことではないけれどもまっすぐに命と向き合う経験があります。そんな彼女の棚づくりの基本にあるのは、「傷つけない」と「わかりやすく」です。

中島さんの図書館での担当は、日本十進分類法（ＮＤＣ）でいうところの３類（社会科学）と４類（自然科学）です。ＮＤＣは、多くの公共図書館が採用する一般的な分類方法です。Ｎ

DCでは医療・健康情報の中心となる「医学」は4類に含まれますが、この分類以外にも医療・健康に関連するものがあります。たとえば、闘病記は主に9類（文学）に含まれますし、社会福祉や特別支援教育に関する図書は3類（社会科学）、家庭衛生についての図書は5類（技術、工学）の棚に並べられます。多治見市図書館では、医療情報コーナーを開設する際に闘病記を4類の隣へ移動しました。4類以外の医療・健康に関連する図書がある棚には、医療情報コーナーへの案内掲示をしています。何らかの疾患で療養する家族のために献立を考えようとした人が5類にある食事に関する棚を見に行ったとき、その案内掲示があれば医療情報コーナーにある疾患別の食事に関する図書を手に取ってくださるかもしれません。

棚に差し込んで図書の位置を明示する「見出しプレート」の表記にも気を配ります。たとえば、490.4の分類は本来「医学論集」という見出しになりますが、中島さんは「医者語る」ということばで作成しました。安楽死や尊厳死を含む490.15の分類「医学の倫理」は、「死をみつめる」にしました。疾患名を表すときも、医学の世界で使う専門的な名称と、一般によく知られた名称を併記しています。棚にある見出しのことばが親しみのあるわかりやすい表現だと、探している人にとっては目にしたときの印象が和らぎ、目当ての図書も見つけやすくなります。ことばの選び方次第では、そのテーマについて縁の無い人に興味をもっていただくきっかけをつくることができるかもしれません。ただし、どんなことばを使ったとしても、目にしただけで心を痛める人はいらっしゃいます。そこで中島さんは、見出しプレートの位置や見え方にも工夫を加えました。たとえば癌に関する見出しプレートは、通路側からは器官や部位のみで案内し、そのエリアに入るとそこに並べられた図書が癌関係のものだとわかるようにする、などです。

## 思いをつづる棚は思いを贈る棚

２０１７年２月、医療情報コーナーの近くに新しい棚が設置されました。〈家庭介護コーナー〉と〈鈴と小島文庫〉です。前者は家庭で介護を行う人に役立つ図書、後者は子どもの発達や小児医療についての図書が集められています。中島さんが名付けた「鈴と小島」に、ある詩人を思い浮かべた人もいらっしゃるのではないでしょうか。

この二つのコーナーでは、ＮＤＣではなく「中島さんの思いがこもった独自の分類」で図書を集めています。たとえば、〈家庭介護コーナー〉であれば「公的資金とお金」のもとに「公的支援」「仕事と介護」「成年後見」という分類を、「食事」のもとに「介護食」「口腔ケア」の分類を設定しました。これは、介護で忙しい人達が効率よく関連する図書を手にすることができるようにとの思いからです。一方、通常の棚に並べる図書と同じようにNDCのラベルを背表紙に貼っています。これは、ラベルで示した分類を手がかりに、家庭介護コーナー以外でも関連する図書を探そうとする人へ向けたものです。

中島さんは、棚を見つめて考えます。「自分にとっては特に意味のないことばでも、ある人にとっては辛い思いをすることばかもしれない。みんなが納得できることばを見つけることは難しい。でも、よく考えて見つけたことばは、それをよく考えたという事実を伝えてくれる」中島さんは、みなさんからのことばも待っています。「何が本当に必要なのかは、本人にしかわからない。だからこそ利用者からの指摘がとてもありがたい。このコーナーに限らず、図書館のすべての棚を図書館の人だけでなくみんなでつくりあげていけるといい」

図書館の仕事に対する中島さんの根底にあるのは、「自由」です。「自由とは不完全なものだ」と中島さんは言います。不完全だからこそ、自由に成長を続けていけるのだと。中島さん自身の経験と、たくさんの人たちの思いが込められた、図書館の棚。その棚の図書を利用する人に中島さんの思いが、中島さんに棚の図書を利用する人の思いが贈り届けられています。

多治見市図書館の3階に、大きなソファーのあるエリアがあります。ソファーは医療情報コーナーの目印でもあり、少し奥まった場所に設置されていることから、まるで秘密基地のような雰囲気を醸し出しています。通院や介護、育児で忙しい人たちに少しでもゆったりとした気分で過ごしてほしいと願い、棚のすぐ隣に置いたソファー。この場所で大きな瞳をきらきらとさせて棚を見つめ考えるスタッフがいたとしたら、きっとその人が中島さんです。

みなさんが住んでいるまちの図書館にも、司書が司書である前に「人」としてさまざまな思いをつづる棚がきっとあります。その棚を見て何か思うことがあれば、どうか遠慮なく図書館のスタッフに伝えてくださいね。

図書館の棚は、子どもと同じ。たくさんの人のさまざまな思いに支えられているからこそ、自由に、のびやかに、育っていくことができるのです。

**参考文献**


多治見市図書館　http://www.lib.tajimi.gifu.jp

岐阜県立多治見病院患者図書室「ぬくた〜らいぶらり」のご案内　http://www.tajimi-hospital.jp/ouline/facilities/library.html

土岐市図書館　http://www.city.toki.lg.jp/library/

『わたしと小鳥とすずと　金子みすゞ童謡集』ＪＵＬＡ出版局　１９８４年

## 場末の酒場は究極の図書館である――『なんや』店主　西川プョ明男さん

おすすめBGM♪　『なしくずしの死』　阿部薫（1976年）

「ヒューマンライブラリー」という活動があります。ある人を一冊の「図書」と見立て、一定の時間を「貸出」としてその人と対話するというものです。この活動を世界規模で行っているHuman Library™ のウェブサイトを見ると、日本では２０１７年2月現在で7か所での活動が登録されていました。ヒューマンライブラリーで「図書」になるのは、主にＬＧＢＴＱ（Ｌはレズビアン、Ｇはゲイ、Ｂはバイセクシュアル、Ｔはトランスジェンダー、Ｑはジェンダークィア）や難病の患者など、いわゆる社会的マイノリティーと呼ばれる人達です。彼らに対する偏見を払拭し、多様性を認め合うことが開催目的の一つとなっています。

さて、話は変わりますが私は10代の終わりから10年間、店主一人と「女給」と呼ばれる日替わりのアルバイト一人できりもりする、小さな酒場で働いていました。駅から遠い辺鄙な場所にあるにもかかわらず、ちょっと癖のある人たちが毎晩のように集まる不思議な酒場。ミュージシャンや役者、芸術家などのアーティストもいれば、会社員、公務員、自営業、研究者、路上生活者、学生、別の酒場の人、職を次々に変える人、何をして生計を立てているのかわからない人、いつのまにか姿を消してしまう人もいらっしゃいました。彼らはこの酒場で、いわゆる社会的な属性や物質的な豊かさによる格差が意味を成さないことを裏付けるかのように、あくまでもフラットな立場で杯を交わします。飲んだくれの彼らは、この酒場で生き方の多様性を私に教えてくれる、ヒューマンライブラリーのような存在でした。

この章では、この酒場『なんや』の店主であり、サクソフォーン・プレイヤーでもある西川《にしかわ》明男《あきお》さんをご紹介します。『なんや』は「絶望と歓喜の社交場」をキャッチフレーズに名古屋で30年以上続く酒場です。西川さんの愛称は、プヨさん。ここでもプヨさんとお呼びします。

## 判断できるから続けなかったこと

私がはじめてプヨさんに会ったのは、プヨさんが店長になって3年を過ぎたころでした。知り合いのミュージシャンから女給になることを勧められ、店に足を運んだのがはじまりです。

もともとプヨさんは長野県の出身で、松本深志高等学校を卒業し、名古屋大学農学部に進学するために名古屋にやってきました。専門は林産で、大学院では木材乾燥の研究をしていました。実のところ、本当の志望先は理学部でファインマンの物理学書全般を愛読するほどでしたが、高校の同級生たちを見て進路を変更したそうです。

「賢い人は本当に賢い。学校の勉強については、それを判断できる賢さはあった。当時は頭の良さで勝負したかったから、自分の勝てそうな分野に変えちゃったんだよね」

大学から大学院に在籍していた間、頻繁に通っていたのは下宿先の近所にあったジャズ喫茶。そこで知り合った仲間と音楽活動も行っていました。『なんや』の元店主ともその喫茶店で知り合い、店長にならないかと誘われました。この店の常連たちが集う、酒場の店長。こんなに面白い人たちと毎晩話ができるならと店長になることを決め、大学院を中退しました。

実際に店長になってみると、開店中は忙しくて話をする時間はありませんし、好きなミュージシャンのライブにもなかなか行くことができません。一方、カウンターの中にいるおかげで難解な議論に巻き込まれなくて済んだと胸をなでおろすこともあります。音楽や文学や演劇、映画などの芸術談義が、集う人たちによって毎晩のようにくりひろげられます。短気な客同士が初対面にも関わらず店内で目を合わせた瞬間いきなり臨戦態勢に入ったり、店にいたすべての客がＢＧＭに反応して大合唱になったり。客がまばらになると、コーヒーが定番の大学教授が、自分の論文を読めとプヨさんに手渡します。そこから、教授による現象学の講義がはじまることもありました。プヨさんのパートナーがカウンターで赤入れをした教授の原稿は『メンタルマップ入門』（中村豊・岡本耕平　古今書院　１９９３年）という学術書として出版され、今も店の本棚に並んでいます。

「酔っぱらっている人の話すことばに、信頼性なんてない。でも、どんな人のことばであっても、何かしらの新しい見方を与えてくれる力があるよね」

**判断できないから続けられること**

店長から店主になって十数年を過ぎたころ、『なんや』は改築されて店の二階で定期的にライブができるようになりました。一階はこれまでどおりの酒場のまま、二階はライブがあるときはライブハウス、無いときはただの酒場、ツアーを続けるミュージシャンの宿を兼ねることもあります。『なんや』で行われるライブはすべてプヨさんがレビューを作成し、自身のブログやＳＮＳで発信しています。いわば、この店での演奏記録アーカイブです。

ミュージシャンたちは『なんや』に到着すると、まずは楽器を搬入してリハーサルを行います。準備を終えたら開始時間まで一階で過ごし、プヨさんの作ったまかない料理をいただきます。ライブの時間になったら二階へ。ライブが終わった後は『なんや』の客として、ライブを見に来た人、ライブ目的ではなくただ飲みに来た人たちと談笑します。このすべてのストーリーを見ることが自分の店でライブを企画することの醍醐味だと、プヨさんは語ります。

そしてなにより、プヨさん自身もミュージシャンです。私が働いていた頃よりも今の方が精力的に演奏活動をしている印象があります。プヨさん自身は音楽に対する自分の心持ちはあまり変わらず、けれどいつのまにか行動が変わってきたのかもしれないと言います。

「音楽については、きっと才能が無い。でも才能が無いからこそ、続けられるのかもしれない。それを判断できる賢さがないから、辞め時がわからないんだよ」

## 当事者であること・むちゃくちゃであること

『なんや』でライブをするミュージシャンや自分の演奏と積極的に向き合うようになってから、本を読むことが少なくなったというプヨさん。

「演奏っていう表現を行う当事者の一人になったからかな、とにかく今その時の自分に無我夢中だからなのかもしれない。学生時代は大江健三郎の初期作品や安部公房、セリーヌとか読んでたけど。そういえば、セリーヌは阿部薫のアルバム名で知ったんだよなあ」

私がプヨさんからはじめて借りた本は、セリーヌの『夜の果てへの旅』（生田耕作訳　中央公論新社　1978年）でした。

店にある小さな本棚には、さまざまな分野の本が並べられています。選書の基本は「大事な本は置かない」。プヨさんが思うところの「汚れてもいい本」が並び、さらにお客さんが勝手に自分の持ってきた本を置いていくので、いつのまにか増えているそうです。

最後に、『なんや』というヒューマンライブラリーの館長でもあるプヨさんに、もし公共図書館の館長になったら、どんな棚づくりをしてみたいかと聞いてみました。

「考えたこと無かったけど……そうだなあ、図書館の棚はもっとむちゃくちゃでもいいのにって思うときがある。きっと、いわゆる良書を予算に合わせて一生懸命選んでいると思うけれど、世の中って良いことも悪いこともあって動いているし、むちゃくちゃなのに、むちゃくちゃだからこそすごく魅かれたりするものってあるよね。だから、選ぶことなく本が並ぶ、むちゃくちゃな図書館が一つでもあったら面白そうだよね」

メガネに髭がトレードマーク、優しい笑顔が印象的なプヨさん。そんなプヨさんが大切にしている『なんや』は、どんな人をも受けいれる器の広さと心地よさ、そしてわずかな狂気が共存する「絶望と歓喜の社交場」です。あなたの住むまちや旅先にも、どこか怪しげな、面白そうな、けれどドアを開けるのに少しの勇気を必要とする酒場があるかもしれません。おそらく、そこがあなたにとってのヒューマンライブラリーです。お酒が飲めなくても大丈夫。むしろ、飲み過ぎにはくれぐれもご注意ください。

ようこそ、究極の図書館へ。

**参考文献**

Human Library　http://humanlibrary.org/
なんやウェブサイト　http://www.nanyagokiso.com/
あるじのタワゴト（プヨさんのブログ）https://blogs.yahoo.co.jp/nanyapuyo

大林 正智

おおばやし・まさとし

# ボンボン時計は歌う

どうも、柱時計です。ボンボン？　あはは、まあどっちでもいいんですけど、少し照れくさいかな。そういえば子どもたちにはそう呼ばれてましたね。

すみませんね、わざわざ出先までおいでいただいて。まあやはりね、見ていただくのが一番かと思いまして。

私のこと、ですか。自分のことを話すのは苦手だなあ、話自体が苦手なもんですから。何せ私、モノですからね、話のほうはあんまり。

今、ふだんは図書館の書庫っていうんですかね、あまり人が入ってこないところで、本のみなさんとね、いっしょに過ごしてるんです。本ってのは話が好きっていうか上手っていうか、なかなか賑やかなんですよ。それに比べるとモノってやつは……。

そうそう、私のことでしたね。私は長いこと、ある農家の柱に掛かっていたんです。なかなか立派なお屋敷でしたよ。そこでカチコチやってたわけです。ゼンマイで動いているもんだから一日に一度はゼンマイを巻いてもらってました。そちらから見て右のほうの穴が時計の、左のほうがボンボンのやつでして、両方巻いてもらうんです。これはそのときの子どもの仕事、ってことになってってね、踏み台に乗って私のところに手が届くようになるとその仕事を任されるようになるんですな。あんまり小さいうちはできないんです。だからゼンマイを巻けるようになると、ちょっと大人になった気分でね、嬉しがって巻いてくれるんですな。まあそのうち飽きてくると次の子どもが大きくなって巻いてくれる、と。そんなことの繰り返しです。子どもがいない時期は、まあ仕方なく、かな、大人が巻いてましたよ。いったい何人の子どもが私のゼンマイを巻いてくれたんだったかな。

ええ、それでまあ何十年だかカチコチとやってたんですが、家の方がね、耐震やら何やらの関係で建て直すってことになりましてね。そのまま居てもよかったんだろうけど、新しい家じゃ私も居心地が悪かろうってことで、ご主人がね「図書館へ行って働いてみないか」と仰るもんですからね、こうしてやって来たってわけです。

で、図書館で何をしてるかって？　もちろん私にできるのは時を刻んで告げることだけですからね、そういう仕事です。何か特別なことをするってわけじゃなくて、普段通りにしてればいいから、って言われてね。ただときどきこうやって外へ出てきてね、図書館の司書さんや、ボランティアさんや、他のモノ仲間たちと、こういう高齢者福祉施設っていうんですかね、ところへ来てお年寄りの、ってのもおかしいな、私のほうが年寄りなんですけど、みなさんにお目にかかっているんですね。

こんなふうに車座になってね、みんなで昔の話をしたりするんです。そのときに私たちみたいな古いモノがいるとね、なんだかいいみたいなんだな。

ほら、今出番がきた箱膳。箱膳ってご存知ですか？　箱型のお膳、テーブルみたいなもんですな。ひとり用のテーブルです。そこに茶碗や皿や箸やなんか一式いれて、いや私なんかが説明するより、ほら、あそこでおばあちゃん、いや私より年下ですけど、が話し出してるからお聞きになってみたらどうですか。


「そうだよ、昔はねえ、これをひとりひとつずつ持っててねえ、それでご飯食べただよ。食べ終わったら全部ここへしまって片付けただな」

「そうなんですか。じゃあご飯が済んだらこのお膳ごと流し台に持っていってお茶碗なんかを洗ったりしたんで……」

「違う違う、ご飯の最後にね、たくあんをひときれ残しとくだよ。それでお茶碗に白湯を注いでたくあんで洗って、お皿やお椀にも白湯を移してきれいにして、たくあんを食べて白湯を飲んでごちそうさま。あとは布巾でふいて、この箱膳にしまっておしまい」

「すごい。洗剤もスポンジもなしですね。でもたくあんがなかったらどうするんですか？」

「そう言われりゃそうだねえ。まあたくあんはいっつも出とっただな」

「大根は名産ですしね」

「そうそう、家で作った大根を干すところから始めてねえ……」


ね、あんな感じですよ。昔の道具なんかを見て、触って、話してもらうんですね。おばあちゃん、いや年下ですけど、生き生きとお話しされてるでしょう。あの方はね、以前は、本の朗読とか紙芝居とか、司書さんがされたんですけど、そういうのにはあんまり興味がなかった。反応されなかったんですよ。ところが私たちモノが来るようになってから、すごくいいんです、調子が。この間、浴衣が来たときなんか、司書さんたちに畳み方を教えてあげてね。「なんだ、司書さんってのは浴衣の畳み方も知らんのかね」なんて冗談も言ったりしてね。こちらの職員さんも苦笑いですよ。

そう「回想法」っていうんですな。昔のことを思い出して、話したり聞いたりするんです。これがね、なんでも認知症予防に効果があるとかって。もともとは心理療法だそうなんですけど、今じゃ公民館や博物館、こうして図書館でもやっているんですよ。

うん、なんで図書館が、しかも図書館から外へ出て回想法か、ってことですよね。私も驚きましたよ。図書館って本を貸してくれるところ、って思ってましたからね。まあ私は来たことがなかったわけですけど、こうやって自分が働くことになって考えるようになりました。それから司書さんたちの言うことも聞こえてくるしね。

どうやら「図書館に来られない人にも図書館を利用してほしい」というところから始まったらしいんです。ここのような施設にいらっしゃる方は、図書館に行きたいと思ってもなかなかそうもいかない。では図書館から出向いてみてはどうだろうか、そういうことです。

図書館の世界には「全域サービス」という言葉があるそうです。「あらゆる人々に図書を貸出し、図書館を市民の身近に置くために、全域へサービス網をはりめぐらすこと」が課題だという、ね（『市民の図書館』）。それはそうできたらいいですよ、誰だって行けるところに図書館があればね。ただ、なかなかこれは難しいですよ、お金もかかることですし。そんな中でなんとか「全域サービス」を目指そうと、クルマに本を積んでいろんな場所をぐるぐる回る移動図書館とか、いろんな工夫をされてきたそうなんです。私が今ここにいるのもそういう流れの中にあるのかな。

だけどなぜ「回想法」なのか。それはやっぱり、地域の人たち、お年寄りに元気になってほしい、という気持ちからなんだそうです。図書館がもっているもの、できることで、お年寄りに元気を届けるには、と考えたんですな。図書館には本がたくさんある。それはもちろんいいんです。実際、昔の写真集とか人気がありますし。その写真で話が盛り上がったりしてね。ただ、目の不自由な方もいらっしゃいますし、実際に触れられるモノというのもいいんです。とにかく昔のことを思い出してもらうきっかけになりさえすればね。それで楽しく話したり聞いたりするのがだいじなんです。ね、みなさん嬉しそうでしょう。

それとね、司書さんが言ってたんです。「お年寄りが元気になることで図書館も元気になる」ってね。それは、ただ利用してもらって嬉しい、ってだけじゃなくて、ここで昔の話を聞いて、その頃の様子を知ることができる。それが図書館にとっていいんだ、ってね。この間なんか、昔の料理のレシピを聞いてメモなんかとってましたよ。ちゃっかりしてるね。それで「図書館が元気になると地域が元気になる」なんて言ってましたよ。そういうもんなんですかね。

まあとにかく、そんなわけで私たち古いモノにお呼びがかかった、ってことです。みなさん、いろんなところからいらっしゃってますよ。博物館から来られた方もいるし、司書さんのお宅で働いてた方とかね、そりゃあもう多士済済、って言ったら笑われるかな、ははは。

そんな私たちが図書館にいる。最初はなんだか不思議だな、って思ったんですけど、まあいいんじゃないですかね、何かのお役に立てるんだったら。

私みたいなモノもそうだけど、人間だって、ちょっと古く（おっと失礼）なったからって、大事にしまっておくのはよくないと思うんですよ。やっぱり人の間にいてね、笑ったり泣いたり、人を喜ばせたりするのが一番なんじゃないかな。私はそう思うんですよね。

さあ、そろそろ出番のようです。なんだかしゃべりすぎちゃったな。まあ、また図書館のほうへも来てくださいよ。私みたいな古いモノばっかりじゃなくて、新しい本やＣＤなんかもあるんですから、ね。

じゃあちょっと失礼して……。

ボンボン時計は歌った、実にいい声で。

## ゼロヨンコレクションとは何か

「実用書」と呼ばれる本があります。実際に役に立つ本、というほどの意味でしょう。実用的でない本というのは「文芸書」とか「哲学書」とかになるのでしょうか。文学や哲学が実際に役に立たないかどうかはちょっと置いておくとして（というのも「役に立つ！」と私は考えているからなのですが）、「図書館の本＝小説、文芸書」というイメージをお持ちの方もいらっしゃるとは思いますので、「実用書」コレクションの充実と、「図書館には実際に役に立つ本がある」ということの広報は大切だと感じます。

大切ではあるのですが、ここは「ちょっとマニアック」ですから、「図書館には実際に役に立つ本がありますよ、そして」の「そして」部分を見ていきたいと思います。

図書館関係者以外の読者のために、少し分類の話をさせてください。日本の多くの公共図書館では日本十進分類法（Nippon Decimal Classification　以下ＮＤＣと略します）という分類法を使っています。これは、その本が取り扱う主題を、数字を使って表すものです。数字の２で始まれば歴史、４ならば自然科学、６ならば産業、といった具合に、本の内容がひと目でわかるようになっています。
さてそのＮＤＣには「形式区分」というものがあります。これはその本の「主題」ではなく「形式」に注目した分類の方法です。といってもわかりにくいので『日本十進分類法 新訂10版』から引用します。

形式区分は、資料の主題に対する形式概念を共通区分として列挙したものである（中略）
例：404（自然科学の）論文集、評論集、講演集
490.4（医学の）論文集、評論集、講演集
494.04（外科学の）論文集、評論集、講演集

これはつまり主題はなんであろうとも、分類記号の最後に形式区分「04」がついていればその本は「論文集、評論集、講演集」である、ということなのです。
主な形式区分は以下の通りです。
-01 理論、哲学
-02 歴史的・地域的論述

-03 参考図書（レファレンスブック）
-04 論文集、評論集、講演集、会議録
-05 逐次刊行物：新聞、雑誌、紀要
-06 団体：学会、協会、会議
-07 研究法、指導法、教育
-08 叢書、全集、選集

え、「それのどこが『図書館には実際に役に立つ本がありますよ、そして』なの？」ですって？　実はですね、先ほどの「-04 論文集、評論集、講演集、会議録」がけっこうこの「そして」部分に相当すると、私は考えているのです。「ちょっとマニアック」になってきましたね。

ここでこの「-04」の本を「ゼロヨンコレクション」と呼ぶことにします。

では実際に図書館の棚を見ながらお話ししましょう。ただ、本の分類というものには「唯一絶対の正解」はありません。その図書館の考え方によって、同じ本に違う分類記号がつけられることもよくあります。ですのでここでは架空の公共図書館「マニコレ図書館」の棚、そして本を見ていくことにします。名前はちょっと変わっているけれど、分類の仕方についてはまあまあ一般的な、フツーの図書館だと思ってください。

まずは法律の本。法律は私たちの生活とは切っても切れない関係のもの（切られたら困ります）。しかし法律の本がすごく身近なものか、というと、まあそうでもない。用がなければ手に取らないかもしれない。「実用書」は、逆の言い方をすれば「用がなければ手に取らない本」と言えるかもしれませんね。

相続をすることになった、離婚を考えている、交通事故に遭った、アパートの店子さんが家賃を払ってくれない。そんなときに「法律の本」は役に立ちます。ではそういったことがなければ法律の本のコーナーに行っても意味がないでしょうか？

いやいや、そんなことはないですよ。棚を見ていくと、いかにも役に立ちそうな本の間に一冊、へんなタイトルの本が。

『へんな判決』（のり・たまみ　ポプラ社　２００８年）

背のラベルを見ると「320.4」とあります。320は法律ですから、これは（法律の）論文集、評論集、講演集ということになるようです。棚から抜き出してみると、法廷の様子を描いた表紙のイラストは五月女ケイ子さんですね。内容は、世界中の裁判所で行われた「へんな訴え」とそれに対する「へんな判決」をまとめたもの。たとえば……。

訴え「ハチミツを盗むクマを逮捕してほしい」↓判決「クマは35万円支払え。ただし野生のクマなので、国が代わりに支払うこと」。これはマケドニアの判決だそうです。

もうひとつ。

訴え「バリー・ボンズの新記録のホームランボールは私のものだ」→判決「落とした人と拾った人で折半すること」。何とも言えませんね。こちらはもちろんアメリカの話。

こんな「へんな判決」とその解説をまとめたのがこの本です。「論文集、評論集、講演集、会議録」と言えるか微妙ですが、とにかく「マニコレ図書館」では320.4と分類しているようです。好みはわかれるでしょうけれど、こんな本なら法律に用がなくても気軽に読めそうです。そして読み進めていくうちに、世界の判決の特徴が何となくわかってくるような気がするのです。これは「役に立っている」とは言えないかもしれないけれど「ちょっと面白い」。

では進んでいきましょう。言語のコーナーがあります。言語の本にも実用的な、役に立つものが多そうです。外国語を習得する必要が生じた人には、会話、作文、文法、辞典などの本が役に立つでしょう。しかしそうでない人には……。そういう意味ではここも「用がなければ手に取らない本」がたくさんあるコーナーです。

たとえば、プラハで行われる国際見本市に出張することになった（いいですねえ！）、なんてときにはチェコ語会話の本を見ておきたいですね。また、プラハ営業所に赴任することになった（いいですねえ!!）、そんな場合ならチェコ語の入門書や辞書の品定めもできます。しかし、それだけでは少し物足らない、もっとチェコ語の世界に触れてみたい、しかもあんまり「お勉強」っぽくない感じで。そういう方には……。

『チェコ語の隙間　東欧のいろんなことばの話』（黒田龍之助　現代書館　２０１５年）はどうでしょう。ビールのラベルや居酒屋のコースターでデザインされた表紙のこの本の著者は複数の言語を操る「フリーランス」語学教師。ビールや料理や映画についての味わい深いエッセイを読み進むうちにチェコ語やその他の言語についての知識も身についてしまう、という「役に立つ」かつ「ちょっと面白い」本です。

この本の背ラベルには「889.04」とあります。889が「その他のスラヴ諸語」で、こちらも「ゼロヨンコレクション」の一冊ということになります。

さらに棚の間を歩いていくと鳥類の棚に出会いました。鳥類の本では図鑑や識別ガイドなどが「役に立つ」典型でしょう。さあ、鳥類の棚に「ゼロヨンコレクション」は存在するのか。もちろん存在します。

『中西悟堂　フクロウと雷』（中西悟堂　平凡社　2017年）。著者は日本野鳥の会の創設者であり、詩人、歌人、僧侶でもあります。冒頭はこんな感じ。

「私は昔、雷がきわめて嫌いであった」

雷嫌いの著者がフクロウの巣を撮影するために高い木の上にいたところ雷が鳴り始め、という格調高いエッセイです。これが鳥類のコーナーにあるのが面白い。488.04です。

さて三冊ほど取り上げた「ゼロヨンコレクション」。その特徴は「役に立つか立たないかは別として、ちょっと面白い本」ということにしておきましょう。このコレクションは一か所に集められてはいません。図書館内のいたる所に散りばめられています。これは、どの棚にいても、つまり特定の主題（テーマ）に関心がなくても、何か面白い本に出会ってほしい、という図書館員の願いが表れたものです。また、特定の主題について調べている、勉強している人にも、さらに豊かな、広くて深い世界を知ってもらいたい、という図書館員の気持ちでもあります。

最初に申し上げた「図書館には実際に役に立つ本がありますよ、そして」。「そして」の後にこう続けましょう。「そして、その先にはさらに豊饒で色彩に満ちた世界が広がっているのです」と。

# カモメ占い

「最近カモメ占いにハマっててさ」と彼女が言う。よく晴れた冬の朝、クルマが橋に差し掛かる、少し手前のことだった。

彼女は隣町の図書館で働いている。彼女が出勤、ぼくが休日の日曜日は、湾を渡る橋を通って彼女を図書館まで送っていく、30分のドライブだ。初めは往復の1時間でも一緒に過ごしたい、というような殊勝な（？）動機だったけど、最近はその往復の1時間の真ん中の、図書館で過ごす時間も気に入っている。彼女の図書館はなかなか居心地がよいのだ。

「カモメ占いって？」

「もうすぐ始まるから数えてね。奇数か偶数で占うんだから」

海の上を走る、2キロほどの橋だ。橋の上には片側20本の街路灯が立っている。Lの字を逆さまにしたような形のものだ。橋を渡る間に、その街路灯の上に乗っているカモメの数でその日の運勢を占うのが「カモメ占い」なのだそうだ。

橋が見えてきた。確かにカモメが乗っている。

1……2……3、4、……、おっと1本に4羽も乗っているぞ、8…9、10……。しかしみんな違う方向を向いていたり、なんだかいい佇まいだな。

17羽だった。では今日の運勢は？

「奇数だから『なかなかいい日』」

「なるほど。では偶数だったら？」

「偶数は『まあまあいい日』」

ちょっと違いがわからないが、彼女らしい。どっちにせよご機嫌なのだ。

「面白いけどさ、ひとりのときは安全運転でお願いしますよ」

「気をつけます」

見通しのいい道路で交通量もそんなに多くないし、車間距離を空ければだいじょうぶだろう。

図書館に到着し彼女を降ろすと、開館時間までカモメを見ることにした。今度はクルマを停めてゆっくりと。河口のあたりにカモメはたくさんいた。数えきれないぐらい。白い胸と灰色の背中、ふっくらとして丸みがあり可愛らしい印象を受けるが、顔つきはきりっと鋭い。陸を歩いているもの、水に浮かんでいるもの、空を飛んでいるもの、どれも楽しそうに見える。カモメってこんなにきれいな鳥だったんだ。

図書館に戻ると、まずは占いの本が置いてあるコーナーに向かう。「カモメ占い」の本は見つけられなかった。しかし占いの本はたくさんある。ぼくは基本的に占いを信じないし、おそらく彼女もそうだろう。一度彼女に聞いたことがある。「科学的根拠が怪しい占いの本が、これだけたくさん図書館に置いてあるってどうなの？」と。「占いの科学的根拠を判定するのは図書館の仕事じゃないからねえ。根拠があるかどうかにかかわらず、これだけ世界に存在してるものについて本を置かないわけにはいかないんじゃないかな。多い少ないのバランスは考えてるつもりだけどね」というのが彼女の答え。

占いの本は見つからなかったので、次はカモメの本へ。「鳥類」のコーナーだ。『カモメ識別ハンドブック』（氏原巨雄・氏原道昭　文一総合出版　２０００年）は薄くて小さくて手に取りやすい。カモメを「識別」しようなんて考えたこともなかったけど、そんな本があるなら識別してみたくなる。思えば図書館の本なんてほとんどみんなそんなもので、考えたこともないようなことについての本が並べられて、ぼくたちが「考える」のを待っている。「カモメを識別したいな」と考えたときには、そういう本がちゃんとあって利用できるようになっているのだ。

本を開いてみると「検索表」なるものがある。背の灰色、嘴《くちばし》先端のパターン、足の色、初列風切（しょれつかざきり、と読むのだそうだ）のパターン、その他の特徴でカモメの種名がわかるというものだ。人類の知恵、というか識別への情熱（？）が形になったようで面白い。本文には写真が使われておらず、詳細なイラストがある。識別のためにはこちらのほうが便利なのだろう。50ページの中にカモメがぎっしりと詰まった本だ。

さっき見ていたカモメはどの種類なんだろう。あれだけ見ていたけど、嘴とか足の色とかまったく思い出せない。見ているようでポイントをとらえてなかったんだと気づく。この本を借りていってまた見てみよう。

もう一冊、『カモメ観察ノート』（永井真人文・写真　文一総合出版　２００６年）なんてのもある。こちらはカラー写真たくさんで、持ち重りのする本。表紙をめくると「環境省地球環境審議官推薦」なんて文字がある。なんだか大層な感じだ。さらにページをめくると「アドバイザーより一言」として氏原道昭氏の言葉が載っている。これはさっきの『カモメ識別ハンドブック』の著者の人だな。カモメ界では有名な人なのだろう。どれどれ……

著者の永井真人さんはカモメの観察を始めてからまだ年数も浅いこともあり、初めに見せていただいたゲラでは問題点がたいへん多く、かなり初歩的な間違いも見受けられましたので、私は写真の同定から細部の記述、用語の使用法その他諸々にわたる問題点について、かなり突っ込んだ意見を詳細に述べさせていただきました。(中略)私の校閲後に新たに追加した写真や解説文もかなりあるようですが、それらについても原則として私の関知するところではありません。

う、うん、カモメ界もなかなかたいへんそうだ。しかしこの二冊の本を読んだだけでもカモメが実に興味深い鳥であることはよくわかる。

そうしているうちにお昼休みになった彼女がやってきた。

「あ、さっそくカモメ読んでるんだね。その永井真人さんって面白いでしょ。『♪鳥くん』って名前で活動してるんだよ。」

「うん、面白い。こっちの本の氏原さんもそうだけど、カモメ愛、すごいね」

「何の世界でも、そういう熱い人がいるんだね。ところでお昼、ゆっくり食べている時間がとれないから今日は各自にしよう。あと思いついたカモメ本二冊持ってきたからよかったら読んでみて。じゃあ後でね」

ぼくがカモメに興味をもつことを予想してたんだな。で本を選んできてくれた。司書ってのはこういうのが得意なんだ。

カモメの本の貸出手続をして館外に出た。パンを買って、また河口に向かう。カモメを見ながら昼食にしよう。いい天気、カモメ日和だ。

さて彼女の選んだのはどんな本だろう。一冊は絵本だった。『かもめ』（寺山修司文　下谷二助絵　アートン　2005年）。航海に出て帰らない少年を待ち続けた少女は気が狂ってしまい、ついにはかもめになろうとして崖から身を投げてしまう、という悲しい話。少し怖いような、それでいてユーモラスなイラストが、重層的な物語を彩っている。

もう一冊は文庫本。『かもめの叫び』（エマニュエル・ラボリ著　松本百合子訳　武井千会子編　角川書店　2000年）。生まれつき耳の聞こえない女の子が両親から「かもめ」と呼ばれていた、彼女の叫び声がかもめに似ていたから。というとなんだか重苦しいけれど、そんな女の子が当時は一般的でなかった手話と出会い、恋をしたり、受験勉強に励んだり、演劇の舞台に上がったりして成長を重ねていく。叫ぶことしかできなかった「かもめ」がやがて……、という本だった。

絵本も演劇の本（ラボリは女優なのだ）も「鳥類」の棚には置いてない。「鳥類」の棚だけ見ていては「カモメについての本」を見逃すこともある、ということだ。

昼食を終え、本二冊を読み終えて図書館に戻ると、今度は「鳥類」のコーナーではなく、検索用のパソコンに向かった。検索窓に「かもめ」と入力して検索すると、想像以上の数がヒットした。意外にCDが多い。『かもめはかもめ』（中島みゆき作詞作曲）や『かもめが翔んだ日』（伊藤アキラ作詞　渡辺真知子作曲）なんかは有名だけど、タイトルに「カモメ」が入る曲は他にもあるみたいだ。演歌や童謡、童謡は『かもめの水兵さん』（武内俊子作詞　河村光陽作曲）かと思ったら『かもめの船長さん』（五十嵐まさ路作詞　山本雅之作曲）なんて曲もある。童謡はさすがにそうでもないけど、大人向けの歌のカモメはなんだか寂し気で、孤独な空気を纏っているみたいだ。

他にもいろいろな本があった。童話らしいものや小説があったし、映画『かもめ食堂』（荻上直子監督　2006年）のDVDもあった。これは彼女もぼくも好きな映画だ。個性的で魅力的な女優陣とヘルシンキの風景が醸し出す独特の空気がよかった。原作の小説（群ようこ　幻冬舎　2006年）もさらによかったな。

食堂もそうだし、「かもめ亭」「カモメ荘」「レストランかもめ」など、作品中で、お店や場所の名前として使われているのも目立つ。そんな鳥は他にいるだろうか。

文庫本の戯曲『かもめ』（チェーホフ著　沼野充義訳　集英社　2012年）を借りて、クルマで読みながら彼女の退勤を待った。まあこれもあまり明るい気分になる、という本ではなかった。

帰りは、その日読んだり調べたりしたカモメの本のことを話しながら帰った。

「カモメの本、たくさんあったけど、君が全部選んで入れたわけじゃないよね？」

「ははは、私がカモメ好きだから？　まさか、そんなわけないよ。図書館のコレクションってそんなふうにはできてないいんじゃないかな。方針や基準はあるけど、それプラス個々の司書が培った考えや選択した情報を持ち寄って図書館全体の蔵書ができていくような気がするよ。言ってみたら司書一人一人がカモメみたいなもんでさ、一羽一羽が集めた情報や感覚みたいなものを使って群れの記憶や情報を維持したり更新したりしていく、みたいなね。だとすると私もカモメなんだね。ヤー・チャイカ！」

図書館のことを話し始めると止まらなくなる。図書館の、司書の仕事を楽しんでいるのが伝わってくる。いつまでもそんな風に働いてほしいな、とぼくは思った。

「ところで来週は会えないよ。S市の採用試験行ってくるからね」

S市で新しい図書館を作っていて職員を募集している、という。彼女の尊敬する司書さんがそこの館長になる、とのことで、一緒に働けたら、と興奮気味に話してくれていたのだ。図書館では正規職員の募集は少ない。現場で働いている人の多くが彼女もそうであるように、いわゆる「非正規公務員」だ。新しい図書館で、尊敬する人と、正規職員として働く、というのは司書としてはなかなか出会えない条件なのだ。

今の仕事も職場も、気に入ってはいる。やりがいも感じているだろうし、信頼されて仕事も任されている。利用者のことも地域のことも大好きなのだと思う。そうはいっても待遇はまったく違う。仕事の範囲も正職員とは違う。それに非正規職員はいつまで働けるかわからない。市のシステムが変われば仕事がなくなっても不思議ではない。だから図書館で働き続けたい彼女にとっては「正規職員」というのは大きなことだ。

ただ、S市はここからは少し遠い。日帰りで往復するのは厳しいだろう。採用されれば当然、生まれ育ったこの町を離れることになる。彼女には長期入院中の家族もいるから葛藤はあるだろう。ぼくの側から言えば、これまでのように毎週会うことはできなくなる。それでも採用試験を受けるという彼女の決断を、ぼくは応援したいと思った。

「まあ、しかしスゴイ競争率だろうからね……。とにかく行ってくるよ」

暗くなった帰り道では街路灯にカモメはおらず、占いはできなかった。

翌週の週末、彼女を新幹線の駅に送った後で図書館に行き、彼女推薦の『カモメに飛ぶことを教えた猫』（ルイス・セプルベダ著　河野万里子訳　白水社　１９９８年）と、映画『さらば冬のかもめ』（ハル・アシュビー監督　１９７３年）を借りてきた。

映画の原題は『The Last Detail』というもので、カモメとは関係なさそうだったが、でもなんだかいい映画だった。二人の海軍下士官が罪を犯した新兵を刑務所に護送する。そのちょっと羽目を外した旅で三人には友情が生まれ、というロードムービーだ。どうして「カモメ」なのかはわからなかったが、海軍のユニフォームがそんなイメージを喚起するのだろうか。それとも、人を解放する、自由にする、という行為が、自由に飛ぶカモメを連想させるのか。余韻が味わえる映画だ。

『カモメに飛ぶことを教えた猫』はタイトルのままの内容。飛べない猫たちが飛び方を教えるところが面白い。そういえば彼女はよく言っている。「司書はいろいろな知識をもっていることが重要なのではなく、必要な情報がどこで得られるか、調べる方法を知っているのが重要」だと。そういう意味ではこの物語の猫たちは司書のように課題に取り組んだのだとも読める。百科事典を使うところや、自分にできないことは他の機関に依頼してでも利用者の期待に応えようとするところなんかも図書館みたいだな、と感じた。

S市から帰った彼女は何事もなかったかのように、普通に働き始めた。当たり前だけど。そして、何かもう一冊カモメの本を、というリクエストに応えて彼女が借りてきてくれたのは『かもめのジョナサン　完成版』（リチャード・バック著　五木寛之創訳　新潮社　2014年）だった。これは社会現象的とも言えるほどの話題となった作品に、40年ぶりに封印されていた部分が加わったものだ、とのこと。「飛ぶ喜び」を純粋に追求するカモメの寓話は、読み手によっていろいろな解釈ができるだろうと感じる。ぼくは……、ジョナサンに惹かれると同時に、なんだか怖くなった。


またもよく晴れた日曜日の朝。

「今日のカモメで決める。S市のこと」と唐突に、緊張した面持ちで彼女が言う。

「決める、って、採用試験の合否を占うってこと？」

「合否はもう来た。通った」

「え、採用されたの？　おめでとう！　ってあんまり嬉しくなさそうなんだけど。ていうかカモメで決めるってどういうこと。行くんじゃないの？」

「嬉しいのはもう通り越した。怖くなった。で、いろいろ考えた。偶数だったら行く。奇数だったら残る」

そんなのおかしい、行きたくて受けたんじゃないか、とか、向こうで待ってる人がいるよ、とか言うのは簡単だ。でもそれは彼女だってわかっていること。そしてよくよく考えたうえでのことに違いない。しかし……。

橋が近づいてきた。ハンドルを握る手に力が入る。

「本当にカモメで決めるんだね？」

「本当に決める。偶数だったら行く。奇数だったら残る」

抜けるような青い空だ。白いカモメを数え間違いようもない。

いた。

1……2……3……4……5、6。

半分まで来たところで6羽。そして残りの街路灯は見渡せてしまった。最後の一本に一羽乗っている。これでは奇数「残る」だ。

そしてまた思う。本当にそれでいいのか。このカモメたちはもうすぐ北に渡っていってしまう。カモメのいない橋を渡って通勤するたびに後悔はしないだろうか。そしてぼく自身はどうなのか。この決定にまったく関与しなくていいのか。Uターンするか（できない）、クルマを停めるかするべきではないのか。

数秒間のうちにいろいろな考えがアタマを巡る。

そのときだ、最後の一羽がもぞもぞと動いたのは。そうだ、クルマが橋を渡り切る前にこのカモメが飛び立てば偶数「行く」だ。占いの詳しいルールは知らないけど、絶対にそうだ、そう言って彼女を説得する。

助手席を窺うと彼女もその一羽を見ている。

そうだ、カモメ、飛べ！

カモメは今、力強く羽ばたいて、空へ。

## きのこ先生ふたたび

調べ物の本を持ってレファレンスカウンターに戻ると、人間大のきのこが生えていました。そうです、きのこ先生です。

先生は世界中のきのこ研究にその半生を捧げたきのこ研究家です。そして研究のフィールドを現実のきのこ採集、研究にその半生を捧げたきのこ研究家です。

先生は世界中のきのこから、書物・文献上のきのこに移して間もなく、きのこ文学賞を受賞されました。いつもこの図書館のこのあたりのキャレルで本を広げたり、書き物をしたりしている先生が、あんなに大きな賞をもらったときには、私も自分のことのように嬉しかったです。それでも先生は変わる様子もなく、研究を続けていたのでした。

ひとつ不思議なのは、先生は歩いたり話したりしているとき以外はきのこになっているのですけれど、それを誰も指摘しないことです。文学賞の授賞式がテレビのニュースで取り上げられたときや、新聞に載ったときは、ちゃんと人間の姿、スーツを着た老紳士として映っていました。しかしふだんはきのこの姿をしているのです。私は「先生はきのこだ」というのがまるで「王様は裸だ」というのと同じように思えて、誰にも言ったことがないのです。

「先生、こんにちは。何かお手伝いすることがありますか？」

先生はこの図書館の蔵書のことならば私と同じぐらいご存知ですし、情報の探し方もプロですから、私がお手伝いできるのはウチにない本を他の図書館からお借りして取り寄せたり、国立国会図書館のデジタル化資料送信サービスの受付やコピーをしたり、というぐらいなのですが。どちらのシステムも先生は使いこなしておられます。少し前まで南方熊楠の名前も知らなかった方とは思えません。この学びの成長の早さは、やはりきのこならではのものなのでしょうか。

「いえ、今日はちょっとご挨拶に」

「ご挨拶。珍しいですね。どうかされましたか？」

「ええ、この本を読んでね」

と先生が取り出したのは『プラハの深い夜』（パヴェル・コホウト著　田才益夫訳　早川書房　2000年）でした。第二次世界大戦末期のプラハを舞台にしたミステリーです。私も以前読んだことがありましたが、きのこはストーリーに絡んでいたっけ？

「小説自体も興味深かったのですが、これに出てくる、干しきのこのスープ。昔ボヘミア地方を旅していたときに、きのこ探しに夢中になって食事をとるのを忘れ、倒れかけたことがあったんですな。そのときに通りがかった農家の方にご馳走してもらったのが、そんなスープだったのです。あれには命を救われました。それを思い出して懐かしくなり、何度も読み返してしまいました」

ミステリーにスープ?

「そんなことが」

「ええ、それで私、今まできのこを体内に取り込む、つまり食べることにあまり関心を向けてこなかったな、と反省しまして。きのこの料理を勉強したいな、と思ったわけです」

「それはいいですね。きのこ料理の本、ありますよ」

「ええ、そうですよね。ただ、そのときの、きのこに救われた、原点に戻ってみようと思いまして」

「ボヘミア地方の?」

「ええ、訪ねてみたい、と。そして世界のきのこ料理を食べて、研究してみたいな、と」

「旅に出るんですね?」

「ええ」

先生の答えは揺るぎないものでした。私は思いました。先生の足を止めたのがきのこの本だったとすれば、先生をさらに遠くまで歩かせるのもきのこの本なのだ、と。

「そうですか。寂しくなります。でも今すぐ出かけられるわけではないですよね」

「ええ、まだ少し片付けが残っていますので」

「では出発の前にお渡ししたいものがありますので、またお寄りいただけますか。このまま旅に出ないでくださいますか」

先生は笑って肯《うなず》きました。

お渡ししたいものがある、と言ったもののの、何を差し上げたらいいか、私は何も思いつきませんでした。ただ、このまま先生を見送るのは嫌だ、という気持ちから発してしまった言葉でした。私はなぜ先生に何か贈りたいと思ったのか。それはたぶん先生に、私と、この図書館のことを忘れないでいてほしいからだ。そして先生の旅の様子を知りたくもある。そんな気持ちを込められる贈り物は……。

数日後、先生がカウンターにいらっしゃいました。

「そろそろ出発しようと思います。しばしのお別れです」

「そうですか。お元気で。よき旅になりますよう。もしよかったらこちらをもらっていただけますか。図書館の本をお貸しすると長期延滞になりそうなので、買ってきました」

私は用意していた本を差し出しました。

『キノコ切手の博物館』（石川博己　日本郵趣出版　２０１３年）です。

「ああ、これはいい本です。日本にはきのこの切手は一種類しかない、と書かれてましたね。いただいていいのですか？」

「はい、もしよかったら」

「ありがとう。では旅の友とさせていただきます。考えてみれば、世界にはまだ見たことのないきのこの切手もたくさんあるわけですな。これはまだまだ長生きしなくちゃいけません。そうだ、きのこの切手を見つけたらあなたに手紙を書きましょう。あなたと図書館にはたいへんお世話になったし、旅先でも思い出すでしょうね」

先生が私の思っていたことを全部言ってくれたので、私はもう言うことがなくなってしまい、黙っているばかりでした。きのこになってしまった先生と私との間に流れる沈黙に割って入ったのは、閉館時刻を告げるチャイムでした。

「では」と言って人間に戻った先生が立ち上がります。私は外まで出て見送ることにしました。

夕日に照らされて、先生はもう人間の姿なのかきのこなのか、わからなくなっていきます。思えば先生と私の会話はいつも館内で、落ち着いたトーンで行われたので、大声を出すようなことはありませんでした。今しかない、と思った私は大きな声で先生に呼びかけました。

「先生、図書館で待ってます！」

聞こえたのか聞こえなかったのか、先生は振り返らず、遠ざかっていったのです。

## おわりに――終わらないコレクション談義をもう少し

『書物としての宇宙』（明治大学人文科学研究所編・発行　２０１４年）

前作『ちょっとマニアックな図書館コレクション談義』が好評をいただいたということで、第２弾を出版する機会に恵まれました。

なぜ「ちょっとマニアック」なんだろう、どうして「コレクション談義」でなければならなかったのだろう、と考えているときに出会ったのが、この講演集の中でフランス文学者の鹿島茂が語ったこんな言葉です。

「コレクションとは何か？　それは〝この世に存在するものを集めて存在しないものをつくりだす〟ということなんです」

これを図書館に当てはめて考えることはできるでしょうか。「この世に存在するもの」、これは現に出版され、流通している本、雑誌、ＣＤやＤＶＤなどと考えてよいでしょう。それでは「存在しないもの」（鹿島氏は後で「潜在的にしか存在しないもの」と言い足しています）とはどういうものなのでしょう。

前作、今作を通じて、コレクション談義を寄せた図書館員に共通する思いはひとつ。それは「図書館をもっと知ってほしい、使ってほしい」というものです。それは、多くの人が図書館を使うことによって、その人たちの人生がより豊かになり、それによってさらに図書館の奉仕する対象である「共同体」(市の図書館に勤務する私としては「自治体」「地域」と考えてしまいがちなのですが、本書をお読みいただければわかるとおり、図書館が奉仕するのはそこだけにとどまらず、学校や大学、専門分野に従事する人でもあったりするので「共同体」という言葉を使ってみます)の未来がさらに明るいものになる、と考えているからです。

共同体の未来。図書館員は選書の際に、現在利用してくれている利用者のことだけ考えているわけではありません。まだ図書館に来たことのない方や、図書館の存在に気づいてない方、時にはまだ生まれていない方のことを考えて選書することもあります。というのは現在の利用者は潜在的な利用者の一部に過ぎないし、また、図書館というものはひとりの人間の生命よりも長いスパンで存続していく(べき)ものだからです。

もちろん課題を抱えた目の前の利用者を支援することは重要です。しかしそれだけで十分とは言えないでしょう。その課題を解決した利用者が次に取り組むことになる課題はどのようなものになるか。そのとき社会はどのように動いていくか。想像すべきことはたくさんあります。それは簡単なことではありません。しかし想像力を欠いた図書館のコレクションは魅力的でありうるでしょうか。

さて冒頭の問いに戻ります。図書館が、この世に存在するもので作り上げる、潜在的にしか存在しないものとは「共同体の未来像」なのではないか、と私は考えています。未来のことは見えない。だから私たちは人の声を聞き、データを分析し、歴史を参照して、あるべき「共同体の未来像」を想像します。その未来像を照らし出せるようなコレクション構築を目指します。ただしそこには唯一の正解というようなものはありません。共同体も、私たち人間や図書館と同じように「成長する有機体」だからです。正解がないのならば、できるだけ多くの状況に対応できるよう、広く深いコレクションを用意しておきたい。そうなるとコレクションについての話（談義）は「ちょっとマニアック」にならざるをえない、というわけです。

『生物と無生物のあいだ』（福岡伸一　講談社　2007年）

図書館のコレクションの在りようを考えるとき、連想する概念のひとつに「動的平衡」というものがあります。生物学者の福岡伸一は『生物と無生物のあいだ』のなかでこう言っています。「エントロピー増大の法則に抗う唯一の方法は、システムの耐久性と構造を強化することではなく、むしろその仕組み自体を流れの中に置くことなのである」。つまり「生命とは動的平衡にある流れである」と。わかりやすく言うと、生物は秩序を壊しながらでないと秩序を維持できない、ということだと私は解釈しています。

日々増えていく蔵書を見て「エントロピー増大の法則……」とつぶやく図書館員は私だけでしょうか。図書館に置きたい本は次々と出版されている。しかし本を置くスペースには限りがある。できることなら所蔵している本は所蔵し続けたい。ため息が出ますね。

これに抗うには、終わりなき書庫の増設、図書館員の増員、ではなく（それが可能であれば嬉しいのですが……）、コレクション構築の「仕組み自体を流れの中に置く」しかないのかもしれない、ということでしょうか。

図書館の資料が徐々に入れ替わっていくように、図書館員も時間の流れとともに入れ替わっていく。そして図書館のシステムもまた、社会の要請の中で変化しつつ、それでも図書館であり続ける。これも「動的平衡」の状態のひとつだと言えるでしょう。

「図書館の死」というものがあるとしたらそれは、図書館員の活動や、それを支える共同体の活動が、図書館のエントロピー増大に追いつかなくなったときに訪れるのかもしれません。そうならないために（そうならない方がいい、と私は思うのです）、私たちは秩序を壊しながら秩序を維持していくべきなのではないでしょうか。

それを可能にするのは何でしょう。図書館に携わる人たち、これから携わることになる人たちの間で、求められる、あるべき図書館像が、生き生きと語られること。つまり図書館談義です。既存の図書館の良いところを守りながら、足りなかったところを補い、今まで思いつかなかった（けれどもこれからの図書館にとって必要となるような）事業や活動についての図書館談義を、広く、さまざまな人を巻き込んで続けていければ、図書館はもっともっと面白く、共同体はますます豊かになっていくのではないでしょうか。

ですので、この本は図書館関係者にはもちろん、今まで図書館に関心をもっていなかった人に向けても書かれています。図書館に来てほしい、そして人生をよりいっそう素晴らしいものにしてほしい、という願いを込めて。図書館にはそれを支えるチカラがあるのだ、と私は信じています。

さて、この「マニコレ」シリーズ、複数の図書館員によるコレクション談義を集めたもの、という形をとっています。つまり「コレクション談義のコレクション」であると同時に「コレクション談義好きの図書館員のコレクション」でもあるわけです。自分がコレクションの構成要素になるとは、想像してもみませんでした。

先述の『書物としての宇宙』で鹿島氏は「コレクションをつくってゆくとき、意外に障害となるのが、モノの属性は一つだけではないということ」とも言っています。「本好き、人好き、地域好き、コレクション談義好きの図書館員」をコレクションしているつもりが、何か別のコレクションになってしまっている、という可能性もある、ということです。

図書館員の新たな属性が見いだされ、どんなコレクションが立ち上がるのか、楽しみなような恐ろしいような……。とにかくコレクション談義を続けていくしかないようですね。コレクションを止めるほど難しいことはないんですから。


ここで、読者のみなさん、この本づくりにかかわってくださったみなさん（執筆者の方々やその執筆を支えてくださった勤務先図書館やご家族の方々、図書館員に勇気を与え続ける共編著者の内野安彦さん、執筆者の思いをカタチにしてくれた編集者の安田愛さん）に感謝の意を表して、いったん、「終わらないコレクション談義」の幕を閉じたいと思います。ありがとうございました。

またお会いしましょう！

２０１７年10月

大林　正智

# 編著者プロフィール


## 内野 安彦（うちの・やすひこ）

ライブラリアン・コーディネーター、FMラジオパーソナリティ、常磐大学・同志社大学・熊本学園大学非常勤講師
1956（昭和31）年茨城県鹿嶋市生まれ。鹿嶋市、塩尻市に33年間奉職。両市で図書館長を務め、定年を待たず早期退職しフリーランスに
著書に『だから図書館めぐりはやめられない』（ほおずき書籍 2012年）、『図書館はラビリンス』（樹村房 2012年）、『図書館長論の試み』（樹村房 2014年）、『図書館はまちのたからもの』（日外アソシエーツ 2016年）、『クルマの図書館コレクション』（郵研社 2016年）などがある

## 大林 正智（おおばやし・まさとし）

田原市中央図書館勤務
1967（昭和42）年愛知県豊橋市生まれ。不惑だか不或（安田登『身体感覚で『論語』を読みなおす。』春秋社 2009年参照）だかの頃に「人に喜ばれて自分も楽しい仕事」を求めて図書館界に潜入、現在も潜入中（勤務態度はきわめて良好）。そうこうするうちに内野安彦氏に「オイラと組まないか？ もうけようぜ」（RCサクセション「よォーこそ」参照）と誘われ、図書館に関するさまざまな企みに参加
著書に『ちょっとマニアックな図書館コレクション談義』（共著）（大学教育出版 2015年）、『ラジオと地域と図書館と：コミュニティを繋ぐメディアの可能性』（共編著）（ほおずき書籍 2017年）がある
日本ロック図書館協会（JRLA）認定ROCK司書

ちょっとマニアックな
図書館コレクション談義 ふたたび

2017年11月6日　初版第1刷発行

編著者© 内野安彦
大林正智
発行者 大塚栄一



発行所 株式会社 樹村房
〒112-0002
東京都文京区小石川5丁目11番7号
電話 東京 03-3868-7321
FAX 東京 03-6801-5202
http://www.jusonbo.co.jp/
振替口座 00190-3-93169

組版／難波田見子
印刷・製本／亜細亜印刷株式会社

ISBN978-4-88367-287-5